高等职业教育公共基础课系列教材

大学生创新创业教育

主 编 吴 勇 张荣烈

参 编 温 婷 孙 萍 马 庆

陈纯莹 吕风亚 许建才

北京师范大学出版集团

北京师范大学出版社

BEIJING NORMAL UNIVERSITY PUBLISHING GROUP

BEIJING NORMAL UNIVERSITY PUBLISHING

图书在版编目（CIP）数据

　　大学生创新创业教育/吴勇，张荣烈主编. —北京:北京师范大学
出版社，2017.2（2022.9重印）
　　（高等职业教育公共基础课系列教材）
　　ISBN 978-7-303-22024-3

　　Ⅰ.①大… Ⅱ.①吴…②张… Ⅲ.①大学生－创业－高等职业教育
－教材 Ⅳ.①G647.38

　　中国版本图书馆 CIP 数据核字（2017）第 024752 号

教材意见反馈：gaozhifk@bnupg.com　010-58805079
营销中心电话：010-58802755　58800035

出版发行：北京师范大学出版社 www.bnupg.com
　　　　　北京市西城区新街口外大街 12－3 号
　　　　　邮政编码：100088
印　　刷：北京天泽润科贸有限公司
经　　销：全国新华书店
开　　本：787 mm×1092 mm　1/16
印　　张：9.75
字　　数：220 千字
版　　次：2017 年 2 月第 1 版
印　　次：2022 年 9 月第 9 次印刷
定　　价：28.00 元

策划编辑：庞海龙　　　　　责任编辑：庞海龙
美术编辑：高　霞　　　　　装帧设计：高　霞
责任校对：陈　民　　　　　责任印制：马　洁

前　言

　　近年来，随着高等职业院校人才培养模式改革的推进，许多高职院校围绕着如何培养高级技术技能型人才，进行了创新创业教育课程教学改革尝试，提出了案例教学、项目教学、创新训练和模拟就业等新的教学模式。为了更好地满足"十三五"期间高职院校学生创新创业指导课程教学的开展，更加凸显培养高素质技能型人才特色，我们组织编写了本书。

　　本书吸收了近年来高职院校开展创新创业教育的经验，并将大学生创新创业的最新理论、政策和案例引入其中。教材编写遵循"理论阐述必需和够用，内容组织新颖和鲜活"原则，着眼于面向全体学生培养创新精神和创业意识，同时，也把创新创业的基本理论、基本技能和工作程序介绍给学生，使学生能够树立正确的创新创业观念，为学生毕业后开创人生事业打下基础。本书所采用的案例新颖、典型，具有校本特色，并与课程教学所需的知识点和能力点衔接、配合较为紧密，有助于培养学生利用所学知识分析、解决实际创新创业问题的能力。

　　本书可作为高职院校大学生创新创业指导课程的教材，也可作为学生课外学习资料。

　　本书由广州城市职业学院吴勇、张荣烈组织编写，负责拟订全书的内容架构和体例要求。第一单元由温婷编写，第二单元由孙萍、马庆编写，第三单元由陈纯莹编写，第四单元由吕凤亚编写，第五单元由许建才、孙萍、马庆编写。吴勇负责统稿、审定。

目 录

第一单元　开启创新创业之旅 / 1

第一节　创新创业时代 / 1

第二节　创新创业成就人生 / 9

第三节　创新创业能力为本 / 16

第二单元　创新创业实践教育平台 / 25

第一节　大学生科技活动平台 / 25

第二节　大学生科技创新实践教育平台 / 29

第三节　大学生科技创业实践教育平台 / 36

第三单元　把握创新创业机会 / 47

第一节　分析创新创业环境 / 47

第二节　发现创新创业机会 / 55

第三节　创业融资 / 60

第四节　大学生创新创业团队组建 / 77

第四单元 创新创业的实际操作 / 88

第一节 编制创新创业计划书 / 88

第二节 创新创业企业组织 / 97

第三节 用好创新创业政策与法规 / 103

第五单元 组建创新创业企业 / 114

第一节 创新创业企业设立 / 114

第二节 创新产品开发 / 120

第三节 创新创业财务管理 / 130

第四节 新创企业营销 / 138

参考文献 / 150

第一单元

开启创新创业之旅

学习目标

知识目标

- 掌握创新创业观念的内涵，正确认识当下创新创业时代。
- 掌握创新创业者应具备的素质能力和知识要求。
- 了解大学生就业困境以及政府扶持创新创业的相关政策。

能力目标

- 提升大学生创新创业过程中的各项素质以及实践能力。
- 拓宽大学生创新创业的认知判断能力。
- 培养大学生创新创业的思维和逻辑能力。

第一节 创新创业时代

—— 引 例 ——

1989 年 11 月，"面向 21 世纪教育国际研讨会"首次提出并讨论了创业教育概念。创业教育被联合国教科文组织称为教育的"第三本护照"，被赋予了与学术教育、职业教育同等重要的地位。联合国教科文组织在 1999 年发表的《21 世纪的高等教育：展望与行动世界宣言》中指出，提升高校创业教育质量，使学生"具备创业意识，创造就业机会"，已成为当代大学教育的重要组成部分。

2015 年，国务院办公厅下发了《关于深化高等学校创新创业教育改革的实施意见》

（国办发〔2015〕36号），广东省教育厅出台了《关于深化高等学校创新创业教育改革的若干意见》（粤教高〔2015〕16号）。为全面贯彻党的教育方针，落实立德树人根本任务，迎接大众创业、万众创新时代的到来，要面向全体学生，结合专业教育、强化实践，培养学生创新精神和创业意识，增强创新创业能力，促进学生全面发展。

那么，创新创业的内涵是什么？大学生应该具备怎样的能力素养？本节将带你正确认识创新创业时代，以及成就人生所必需的创新创业知识和能力储备，从而在21世纪——创新创业者的"黄金"年代，开启专属于你的创新创业之旅。

一、认识创新创业时代

1. 创新创业的内涵

创新一词，最早用于经济范畴，《经济发展理论》的作者、经济学家约瑟夫·熊彼特首次提出"创新"的理论概念，指出创新就是建立一种新的生产函数，把一种从来没有过的关于生产要素和生产条件的"新组合"引入生产体系。《现代汉语词典》（第6版）对"创新"的解释为"抛开旧的，创造新的"，也作"创造性，新意"。笔者认为，创新就是在前人的基础之上，创造新的、前所未有的东西（包括思想、技术、产品等）的行为活动。

案例

凌华章——用专业铸就特色，用特色造就辉煌

凌华章是2006年毕业于成都农业科技职业学院农业高新技术班的大学生。在校期间，他担任园艺协会会长，学习了食用菌的种植技术。毕业后，他看到家乡贫穷落后的面貌，决定用自己所学的知识为家乡贡献一份力量。他经过思考之后，决定种植食用菌来致富，因为食用菌投入少，利润高，且不受时间和地点的限制。

在大三毕业这年，他邀请学院相关专业的老师前去家乡考察，然后就自己种植食用菌，在自己获得成功后又带领家乡百姓一起致富。现在凌华章任屏山县天仙农业发展有限责任公司总经理，公司从事食用菌生产、技术培训、农产品销售等业务，现有分公司4个，生产基地两个，培训中心一个。公司已经无偿培训农民5次，带动70多户发展食用菌生产；在农资、农业技术方面，指派技术人员长期扎根于农村，无偿提供技术服务，做好农药示范推广。凌华章曾获四川省"十佳青年学生"和四川省首届"创业之星"称号。（引自吴海军《高职学生创新思维及成功创业典型案例分析》）

《辞海》中关于"创业"一词的定义是"创业，创立基业"，指人类的创举活动，或带有开拓、创新精神，并具有积极意义的社会活动。蒂蒙斯（Timmons）在其《创业学》中指出："今天，创业已经超越了传统的创建企业的概念，而是把各种形式、各个阶段的公司和组织都包括进来。"他认为创业能使价值再生或提高。《现代汉语词典》（第6版）对"创业"的解释为"创办事业"。现代意义上，创业是指在社会经济、文化领域内的行为创新，是创业主体为开辟新的发展空间并为他人和社会提供机遇的开创、探索行为。创业活动也许早已有之，但对于创业者而言尚属首次。

案例

张仕郎——面向学生市场尝试O2O眼镜销售

张仕郎是一位普通在校大学生，激发他创业的契机是大三时遭遇的一次"坑爹"的配镜经历，使他"赌气"地立志要成为一个"颠覆"传统眼镜行业的创业者。

大三那年，张仕郎觉得眼睛异常地不舒服，一度怀疑眼睛出现了什么严重问题，可医院检查的结果却令人"大跌眼镜"哭笑不得——眼睛没有问题，是眼镜瞳距不准。原来是他之前配的眼镜被眼镜店偷换了廉价材质，而为了达到让镜片显得薄一点的效果，眼镜店不惜打磨镜片修改了瞳距。

这次遭遇之后，张仕郎自学计算机VB语言，研制了一款每个人都可以利用电脑，通过简单操作就能自己测出瞳距的测量软件。不仅如此，他还开始利用一切机会试图了解眼镜这个行业：从利用毕业前的假期、实习期在学校附近的眼镜批发市场当业务员，到毕业后放弃上海的一家国企职位，入职一家刚起步的眼镜电商，同时自修获得中级验光师资格证。

毕业时，张仕郎用1元钱注册了云视野（北京）科技有限公司。用户只需要通过关注"云视野"微信公众号，选择预约配镜，就会有专门的人员上门提供验光、配镜等全套服务，消费者"足不出户"即可配好眼镜，而价格只需要一百多元甚至不足百元，远远低于实体眼镜店的价格。

创业之初，张仕郎每月给自己开的薪水是4000元，这仅仅是员工价位，但是他坚信，事业价值不能以短期内的薪水来衡量，云视野的近期计划是拓展京城10所以上高校，中期目标是占领四到五成的学生配镜市场，更大的目标是成为一家成功的O2O上市企业。张仕郎总结自己的创业经验：首先是认准了就要坚持，其次就是要不怕吃苦。（引自北京青年报《从配镜被坑到O2O眼镜店老板》）

创新创业是指基于技术创新、产品创新、品牌创新、服务创新、商业模式创新、管理创新、组织创新、市场创新、渠道创新等方面的某一点或几点创新而进行的创业活动。创新是创新创业的特质，创业是创新创业的目标。

案例

农业创新创业的一个成功的典范

张森是中国农业大学植物保护专业毕业，主要从事 SOD 石榴的栽培和销售、高科技农业种植技术的输出及水果基地托管等业务。先后创立云南曲辰科技有限公司、云南福湾农业科技有限公司、云南劳味农业科技有限公司；培育出"SOD石榴"专利品种；开发了数种高质量的葡萄新品种；建立了"仙湖蓝星"品牌蓝莓基地，同时承担了玉溪地区抚仙湖沿岸的产业结构调整项目，主持推动蓝莓产业种植，计划推动发展 5 万亩蓝莓产业；拥有自有种植基地累计 3170 亩，基地年产值 5000 万元；获得国家级发明专利 1 项，实用新型专利 5 项，注册商标 2 个；为社会累计提供就业岗位 600 多人次，累计销售额 1.7 亿元。目前自有网络销售平台两个，实体店两个；已和储橙销售平台建立战略合作。

2011 年，开发成功功能性水果 SOD 石榴，其推广种植的农户达 1700 户，总种植面积达 2400 亩，年产 SOD 石榴 6000 吨。科果牌 SOD 石榴畅销全国。

2013 年，承担玉溪市抚仙湖星云湖农业产业结构调整项目，建设"仙湖蓝星"蓝莓科技示范园和蓝莓交易市场；推广蓝莓种植 3000 亩。

2014 年，在昆明市五华区建设森之爱美丽乡村示范园，推广新型城市农业经济模式。

2014 年，在红河州石屏县建立标准化葡萄种植基地，在葡萄领域推广示范基地＋农户＋共同销售新型农业标准化、群众化生产模式。

张森对创新创业的体会是：人就是为了在出生到死亡的这个过程中证明自己来过；创新创业就是让这段过程多姿多彩，与众不同！（引自大学生创业网《大众创业万众创新典型案例》）

2. 大学生就业困境

每个毕业生都经历过颠簸求职之旅。高校扩招从 1999 年开始，大学毕业生的数量从 2003 年起逐年膨胀，2005 年是 338 万人，到 2015 年有 749 万人，每年都在创造"史上最难毕业季"纪录。如果加上往届未能就业的以及大量海归，2015 年大学毕业生就业人数可能突破 840 万人！需要就业的毕业生数量很大，大学毕业生就业形势十分严峻。年年递增的就业人数（见图 1-1），造成了就业"没有最难，只有更难"的局面。

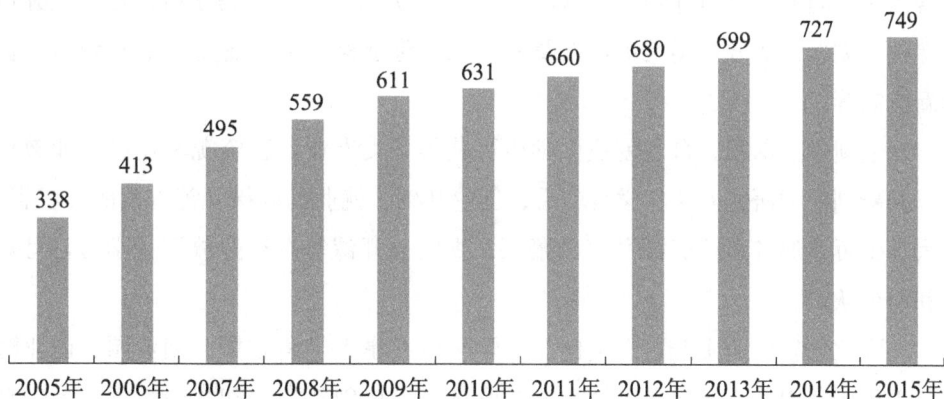

图 1-1　2005—2015 年全国高校毕业生人数（单位：万人）

3. 政府扶持大学生创新创业

政府提倡大学毕业生创新创业，创新创业是当前解决大学生就业的重要途径。创新创业既能为自己解决就业岗位，还能创造机会博得财富，为社会发展注入强劲的动力，是促进经济发展、拓宽就业渠道、促进个体自我实现的重要举措。

鼓励创新创业是国家"十三五"重要战略，大学生创新创业尤其重要。各级地方政府也陆续出台了一系列旨在鼓励和支持高校毕业生自主创业的政策。党的十八大提出必须促进以创业带动就业，实施扩大就业发展战略，加大创新创业人才培养支持力度。习近平总书记多次做出重要指示，要求加快教育体制改革，注重培养学生的创新精神，造就规模宏大、富有创新精神、敢于承担风险的创新创业人才队伍。李克强总理多次强调，"大众创业、万众创新"的核心在于激发人的创造力，尤其在于激发青年的创造力。十八届五中全会首次提出了"五大发展理念"，把创新发展摆在首位，政策导向更加明确。目前我国政府出台的支持和鼓励大学生创业的政策，主要有以下几条。

（1）大学生创业税收优惠。持人社部门核发的《就业创业证》（注明"毕业年度内自主创业税收政策"）的高校毕业生，在毕业年度内（指毕业所在自然年，即 1 月 1 日至 12 月 31 日）创办个体工商户、个人独资企业的，3 年内按每户每年 8000 元为限额依次扣减其当年实际应缴纳的营业税、城市维护建设税、教育费附加和个人所得税。对高校毕业生创办的小型微利企业，按国家规定享受税收支持政策。

（2）创业担保贷款和贴息。符合条件的自主创业大学生，可在创业地按规定申请创业担保贷款，贷款额度为 10 万元。鼓励金融机构参照贷款基础利率，结合风险分担情况，合理确定贷款利率水平，对个人发放的创业担保贷款，在贷款基础利率基础上，上浮 3 个百分点以内的，由财政给予贴息。

（3）创新人才培养。自主创业大学生可享受一系列的创新人才培养优惠政策，如各地各高校实施的"卓越计划"，科教结合协同育人行动计划，跨学科、跨专业开设的交叉课程，创新创业教育实验班，以及跨院系、跨学科、跨专业交叉培养创新创业人才的新机制等。

（4）创新创业课程。自主创业大学生可获得各类专业课程资源和创新创业教育资源，以及新创业的研究方法、学科前沿、创业基础、就业创业指导等方面的课程资源。创业大学生可参加各高校资源共享的慕课、视频公开课等在线开放课程学习，可获得认证和学分认定。

（5）强化创新创业实践。自主创业大学生可共享大学科技园、创业园、创业孵化基地、工程研究中心、实验室、教学仪器设备等科技创新资源和实验教学平台。自主创业大学生可参加大学生创新创业大赛、高职院校技能大赛和各类科技创新、创意设计、创业计划等专题竞赛，以及高校学生成立的创新创业协会、创业俱乐部等社团，提升创新创业实践能力。

（6）改革教学制度。教育部在新修订的《普通高等学校学生管理规定》中，明确规定大学生创新创业可折算成学分。各高校建立了创新创业学分累计与转换制度，学生开展创新实验、发表论文、获得专利和自主创业等可折算为学分。高校制订了创新创业能力培养计划，依据创新创业档案和成绩单等客观记录，量化评价学生开展创新创业活动的情况。

（7）完善学籍管理。2015 年 5 月，国务院办公厅印发《关于深化高等学校创新创业教育改革的实施意见》，明确了高校可以实施弹性学制，放宽学生修业年限，允许学生调整学业进程，保留学籍休学创新创业。

（8）创业指导服务。自主创业大学生可享受各地各高校对自主创业学生实施的持续帮扶、全程指导、一站式服务，以及地方、高校两级信息服务平台为学生实时提供的国家政策、市场信息、创业项目对接、知识产权交易等服务，可享受大学生创业孵化基地和相关培训、指导服务等扶持政策。

二、迎接创新创业时代

1. 大学生创新创业现状

当今世界已经进入创新时代，我国大学生创新创业状况还远远跟不上形势发展的要求。受教育环境和教育模式的限制，我国大学生在知识、经验、意识、能力等方面，与创新创业要求不适应，导致我国大学生创新精神和创业意识不强。《2015 年中国大学生就业报告》通过抽样调查全国约 26.4 万名大学毕业生发现，2014 届毕业的大学生，约有 21 万人选择走向创新创业之路，仅占毕业总人数的 2.9%。而相比之下，美国有30% 左右，日本有 18% 左右。

从行业来看，创业主要集中在教育培训、餐饮、百货零售、金融投资等行业（见图 1-2、图 1-3）。2015 年清华大学发布的《全球创业观察报告（2014）》将青年创业者界定为年龄在 18~44 岁的创业者。该报告指出，中国青年创业者在技术上并没有优势。从调查数据上看，不到 2% 的青年创业者是基于中高技术创业。

中小学教育机构	6.5%
教育辅助服务业	3.2%
互联网运营与网络搜索引擎业	2.8%
其他金融投资业	2.4%
其他学院和培训机构	2.4%

图 1-2　麦可思 2014 届本科毕业生半年内自主创业最集中的行业（前 5 位）

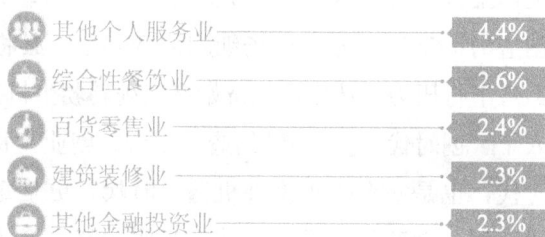

其他个人服务业	4.4%
综合性餐饮业	2.6%
百货零售业	2.4%
建筑装修业	2.3%
其他金融投资业	2.3%

图 1-3　麦可思 2014 届高职高专毕业生半年内自主创业最集中的行业（前 5 位）

清华大学经管学院中国创业研究中心发布的《2015 年中国青年创业报告》中的调查数据显示，在全球创业观察的 70 个参与国家和地区中，我国青年创业活跃程度排在第 22 位，属于活跃国家之列。其中，"80 后"是青年创业者的主体，创业活动最为活跃。该报告指出，与美国相比，中国的创业群体学历水平总体偏低。在美国，55.5% 的青年创业者以及创业者群体中的 51.7% 都拥有大学学历。但在中国，创业者群体大部分拥有的是中学以及高中学历，拥有本科学历的仅占创业者群体总数的9.2%，青年创业者中也只有 12.2% 的人拥有本科学历。这反映出的现象是，越是高学历者创业积极性越低。近年来的《中国大学生就业报告》也呈现出类似特征：高职高专毕业生创业比例高于本科毕业生，2012 届、2013 届、2014 届高职高专毕业生创业比例分别为 2.9%、3.3%、3.8%，分别比本科毕业生高 1.7 个、2.1 个、1.8 个百分点（见图 1-4）。

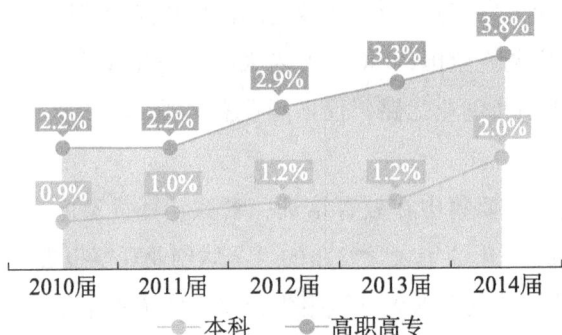

图 1 - 4　2010—2014 届大学毕业生自主创业的比例变化趋势

2. 创新创业新态势的兴起

2014 年 9 月，李克强总理在夏季达沃斯论坛开幕式上，首次向世界宣告，中国要在 960 万平方公里土地上掀起"大众创业"新浪潮，形成"万众创新"新态势。半年之后，这种理念上的宣誓，变成了施政纲要。"大众创业""万众创新"正式写入 2015 年政府工作报告，并被定义为推动中国发展调速不减势、实现经济提质增效升级的新引擎。李克强在政府工作报告中说："我国有 13 亿人口、9 亿劳动力资源，人民勤劳而智慧，蕴藏着无穷的创造力，千千万万个市场细胞活跃起来，必将汇聚成发展的巨大动能，一定能够顶住经济下行压力，让中国经济始终充满勃勃生机。"

当前我国已经进入了"创时代"，一个以创造、创新、创业为特征的时代。这既是一个充满转型压力的时代，也是一个寻求发展机遇的时代，更是每一个青年学生人生出彩的黄金时代。实践证明，创新创业是一条前途光明的路，希望广大青年学子找准方向，点燃创新创业梦想；努力学习，提升创新创业能力；脚踏实地，投身创新创业实践。梦在前方，路在脚下，争当万众创业的表率，用实际行动拥抱创新创业的春天。

案例

浙江省第五届职业院校"挑战杯"创新创业竞赛

2015 年 11 月 24—26 日，由共青团浙江省委、浙江省教育厅、浙江省科学技术协会、浙江省人力资源和社会保障厅、浙江省学生联合会共同主办的浙江省第五届职业院校"挑战杯"创新创业竞赛在嘉兴职业技术学院举办。

竞赛的主题是"创新引领未来，挑战铸就精彩"。从近海船用风力发电系统、物联网报警器、环保型实用电动折叠车到染整实验打样机，来自全省 42 所高职高专院校的近千名"小能人"们，带去了他们的一个个创新创业项目。据统计，全省共有 2 万多名大学生直接参与到本次竞赛中来。其中，有 373 件作品入围省级复赛，作品涉及产品创意设计、生产工艺革新与工作流程优化、创业设计、社会调研论文四个领域。职业院校"挑战杯"创新创业竞赛已成为浙江省职业院校学生触摸创业梦想、感知创新魅力的重要载体。参加竞赛的同学，每一个创意、每一个作品，都能成为创新创业的起点和源泉。

经过 2 天的公开答辩，《土人参种质资源开发利用》等 17 个项目荣获特等奖、《全自动伸缩式汽车遮阳装置》等 45 个项目荣获一等奖、《基于北斗/GPS 双模定位的电动车防盗报警器》等 93 个项目荣获二等奖，《山地水稻脱谷收割一体机的研究与制作——改进山地水稻收割模式》等 5 个公开答辩项目荣获"最佳表现奖""最佳创意奖"。（引自嘉兴在线新闻网《创新引领未来　挑战铸就精彩》）

第二节　创新创业成就人生

一、创新创业的紧迫性和重要性

随着我国高校招生总体规模的不断扩张，大学毕业生数量也在逐年增多，随之而来的就是越来越多的高层次劳动者源源不断地涌入劳动和人才市场，给社会就业带来相当大的压力，加之政府机关及其他事业单位减员增效，难以大批量接收大学毕业生，国有大中型等企业单位也因结构调整和产业优化重组难以为大学毕业生提供充足有效的就业机会。不言而喻，毕业生人数呈逐年上升的趋势，而市场提供的就业岗位却未相应增加，大学毕业生面临着"毕业即失业"的严峻形势，给社会带来许多不安定因素。根据"十三五"规划，引导大学生创新创业是深入推进创新教育改革的重要举措，大力提倡大学生创新创业，从而创造更多的就业机会，成为缓解当前社会就业压力的一种行之有效的方法。

做好大学生就业创业工作，事关经济发展和民生改善，以及社会和谐稳定。李克强总理在 2015 年的政府工作报告中指出：以大众创业、万众创新拓展就业空间。因此，以创业带动就业，积极鼓励、扶持大学生成为自主创业者，加快以创业带动就业，以创新促进发展，对于稳定就业形势、促进经济社会发展，具有重大而深远的意义。它对实现大学生人生价值，也具有十分重要的意义。大学生创新创业不仅是培养自主创新能力人才的重要方式，更是推进建设创新型国家的需要。一个国家只有拥有强大的自主创新能力，才能在激烈的国际竞争中把握先机、赢得主动。高校大学生作为建设创新型国家的主力军，在知识经济的时代背景下，更应该加入创业的大军中努力创造新的伟大事业。

案例

"互联网＋"创新创业大赛启动"创业梦"

"互联网＋"大学生创新创业大赛紧扣国家发展战略，是促进学生全面发展的重要平台，也是推动产学研用结合的关键纽带。贵州省教育厅要求各高校要积极开展教学改革探索，把创新创业教育融入人才培养体系，切实增强学生的创业意识、创新精神和创造能力，厚植大众创业、万众创新的土壤，为建设创新型国家提供源源不断的人才智力支撑。

2015年9月12日，以"'互联网＋'成就梦想　创新创业开辟未来"为主题的贵州省首届"互联网＋"大学生创新创业大赛总决赛在贵州大学举行，各路创业"英豪"齐聚贵州大学，参赛团队风格不一。该比赛旨在深化高等教育综合改革，激发大学生的创造力，培养造就"大众创业、万众创新"的生力军，推动赛事成果转化，促进"互联网＋"新业态形成。在公开、透明、公平、公正的竞赛规则下，赛区组委会组织专家对参赛作品进行了评审，共评出金奖3项、银奖6项、铜奖10项、参与奖32项。（引自中国青年报《首届中国"互联网＋"大学生创新创业大赛启动》）

二、创新创业实现自我、成就人生

根据美国心理学家亚伯拉罕·马斯洛提出的需求层次理论，人的需求从低到高，按照层次分别为生理需求、安全需求、社交需求、尊重需求和自我实现需求。在激烈竞争的社会中，自主创业者要抓住时代机遇，锐意进取，紧密结合市场所需，才能成功创业。实现创业人生梦想，不仅可以享有巨额的财富，而且可以得到受人尊重的社会地位以及自我内心的满足。对于大学生群体来说，从选择创业到成功创业，可以满足生理、安全、社交、尊重这四个需求，并到达自我实现的需求层面。纵观创新创业的道路上，没有创新就没有互联网的大腕马云，没有创新就没有业界天才乔布斯，没有创新也就没有打车软件的领头羊程维。

创业不仅仅是解决就业问题的方式之一，在创业过程中锻造优异的能力、储备丰富的知识以及积累宽广的人脉关系，还能实现人生的理想抱负。不少大学生正是通过自主创业而实现了人生梦想。

案 例

陈欧：创业的成就感不是钱能买到的

对于刚毕业迈出校园的大学生来说，可能什么都没有，选择创业也许是无奈之举。但抱以决心和希望，坚持做下去，创业带给你的远远不止财富，更多的是金钱和财富换不来的成就感。

聚美优品的创始人——陈欧，大学刚毕业后开始创业，发现中国广大女性消费者对线上购买化妆品的信心不足，于是和戴雨森合伙创立团美网，成为中国首家专业女性团购网站。2010 年 9 月，更名为聚美优品；2011 年，总销售额突破 1.5 亿元；2014 年，在胡润 IT 富豪榜中，陈欧排第 16 名。陈欧为创业吃了很多苦，遇到了很多困难，但在各种难题和挑战面前，陈欧和他的创业团队坚持创业，并打破传统代言模式，自己站出来为聚美代言。

"我是陈欧，聚美优品创始人。蜗居，裸婚，都让我们撞上了。别担心，奋斗才刚刚开始，'80 后'的我们一直在路上。不管压力有多大，也要活出自己的色彩。做最漂亮的自己，相信我们，相信聚美。我是陈欧，我为自己代言。"聚美的这段广告令人印象深刻，传遍大街小巷。

"创业之于我就是一种生活方式，没错，是一种生活方式。"如今 30 岁的陈欧，手下有一个近千人的团队和一家估值过亿美金的公司，他的成功不禁令人反思。除了创业者必备的坚持不懈的努力和良好的团队默契，还与他独到的市场需求嗅觉有关，敢于打破传统的代言模式，用创新的广告视觉吸引了众人的眼球，创造了万众瞩目的聚美优品。这种成就感，乃是金钱和财富无法代替的。（引自华商网《聚美优品陈欧：创业的成就感不是钱能买到的》）

案 例

王兴：从千团到我的团

美团网创始人王兴，清华毕业后留学美国特拉华大学，2003 年他放弃美国学业，回国创业，创立校内网（人人网）。2010 年，他创办团购网站美团网。2015 年，美团点评交易额预计达 1800 亿元左右，覆盖城市达 1200 座以上，累积用户近 6 亿人。

2012 年，收缩规模的美团一个新的城市都没有进入，而同年中国团购网站有一半以上倒闭。但这次王兴没有让机会溜走，美团终于从千团大战的遍地残骸中闯了过来。根据第三方数据显示，目前美团网占据团购行业过半的市场份额，并在 2013 年年底首度宣布全年盈利。王兴坦诚：除了运气之外，美团能存活下来主要还是因为能够把消费者放在第一位，在目标明确之后做正确的事情、抵御诱惑、克服困难、制造条件。

创新开辟成功的道路，创业成就创新的硕果。面对未来，王兴依然充满好奇和兴奋，"既往不恋，纵情向前"是他不变的态度。在他看来，创业并不简单，但也不痛苦。（引自中华网《王兴：从千团到我的团　连续创业第十年》）

案 例

黄恺：一次灵感引出《三国杀》

凭借一款风靡全国的桌游《三国杀》，26 岁的中国传媒大学动画学院 2008 届毕业生黄恺一举成名。他还组建了公司，闯进了福布斯"中美 30 位 30 岁以下的创业者"榜单。

从两三岁起就迷上游戏的男孩黄恺，与同龄人很不同：对他而言，看别人玩比自己玩更有趣。挑出游戏的毛病，按照自己的想法改造，让伙伴们玩他设计的游戏，这种经历让黄恺沉迷。

上了大学，选择了自己喜欢的游戏设计专业，黄恺一头扎进了游戏的海洋。为了学有所成，他买了一本又一本的画集，潜心研究。为了接触到更先进的游戏设计理念和方法，他想尽了办法。大学四年，他做过上百款游戏。他还在床头放了一个小本子，一有灵感马上记录下来，这个习惯一直保持到现在。"每个创意都是站在前人肩膀上的。要想有好的创意，就要先踩到别人的肩膀上去。"在黄恺看来，创意是一种思维方式和习惯，要开动脑筋，想到别人想不到的东西。

2006 年，因为一个突如其来的灵感，黄恺开始设计桌面游戏《三国杀》，成功；2007 年，把《三国杀》放在淘宝网上销售，成功；2008 年，他和清华大学计算机专业博士杜彬合作，成立"游卡桌游"公司，成功。而他顺理成章地成了公司的首席设计师，国内桌游的领军人物。

"80 后"的黄恺觉得财富是最低等级的需求。"财富是基础，但如果你毕生追求的只是钱，那我可以说，你根本就没有追求！"（引自羊城晚报《一副〈三国杀〉杀进福布斯 黄恺：游戏里我是上帝》）

三、大学生职业选择与分析

随着《国家中长期教育改革和发展规划纲要》（2010—2020 年）的颁布，高职教育发展被列入国家战略，党和国家对高职学生提出了更高的要求和期望。然而近些年高职学生由于受整体就业环境的影响，加之学历层次较低等自身的劣势条件，未能充分发挥其就业竞争力，使他们的就业形势变得更加严峻。

1. 高职学生择业问题

高职院校培养技术技能型人才，为地方经济和社会发展提供服务。目前，我国经济的发展正向集约型经济增长方式转变，企业在市场经济中的竞争主要体现在技术创新和劳动者素质的竞争上，对劳动者素质的要求越来越高。高职教育与市场（特别是劳动力市场）的联系最直接，也最密切。所以，高职教育从某种意义上说就是就业教育，就业情况是判断一所高职院校办学水平高低的重要标准。

（1）大学生自身存在的问题。随着就业市场变化，高职学生择业面临更多选择。如何选择最适合自己的职业和岗位，也是高职学生毕业时要考虑的首要问题。目前，高职院校学生对未来要从事的职业存在盲目性：首先，对自身认识不清，对自身性格、能力、职业倾向掌握不清；其次，没有科学的学业规划和职业规划，对所学专业服务的行业知之甚少，对是否从事所学专业的工作，以及对将来要从事的职业认识不清；最后，大学生择业倾向现实化，突出个人价值，追求自我发展，缺乏社会责任感。大学生心理不成熟，在职业选择时表现出过高的期望值。

（2）高等学校存在的问题。随着教育教学改革逐渐深入，高校人才培养模式在大学生就业过程中的问题逐渐暴露出来。首先，高校人才培养模式过分强调单一的专业教学，其专业课程设置偏重于对理论知识的教学，对实践教学重视不够，致使培养出来的学生知识面过于狭窄，适应能力和创新能力较差。其次，专业课程设置与市场需求脱节，出现了供需结构性矛盾。第三，教学与科研脱节，缺乏教学和科研融合和互动，培养学生自学和独立科研创新的课程较少，致使学生缺乏创新意识及创新能力，难以适应社会的需要。最后，高校人才培养的质量不高，很多毕业生不仅不能创造性地去完成工作，有些毕业生甚至都难以适应本职工作。

（3）社会用人单位问题。用人单位存在盲目的人才高消费现象，对用人标准盲目提高，追求高学历，给毕业生就业带来很大压力。有些用人单位要求应聘者须具有一定的从业经验和资历，这对应届毕业生的就业又设立了一道屏障。用人单位在招聘中存在就业歧视现象，大学生在就业过程中由于这些与职业要求没有必要联系的种种歧视而被拒之门外，或在求职过程中受到区别对待。

2. 高职学生择业建议

首先是要树立正确的就业观。正确的就业观有利于帮助高职学生就业定位，有利于学生在激烈竞争中保持积极向上的心态。因此，首先要树立"有职业理想，有就业目标，有发展意识，有拼搏精神"的四有就业观。通过多次就业，逐步实现职业理想；对于就业单位的选择，要适合自身，切忌将用人单位好坏的标准固定在地理位置、企业知名度等因素上，而要更多地考虑个人的长远发展、锻炼机会等因素；在就业过程中，要始终保持乐观向上、戒骄戒躁的心态。

其次要树立正确的成才观。衡量一个人成功的标准不但是事业的成功，最重要的是对社会的贡献。高职学生要正确认识理想与现实、社会需要与职业目标之间的平衡。在平时养成良好的生活工作习惯，树立奉献社会的高尚情操。从小事做起，脚踏实地，走过"潜人才—准人才—实人才"的过程，在就业过程中实现自身价值。

三是要树立正确的学习观。就业是实力的较量，学生要明白"现在努力学习是为了将来更好的发展"的道理，通过学习充实和提高自己，为以后的就业打下坚实的基础。建立科学的知识结构，广泛培养自己的兴趣爱好，积极参加社会实践活动，丰富自己的实践经历，提高自己的综合素质，增强自己的职业能力。还要正确认识知识、能力与素质三者之间的关系：知识是能力和素质的基础，知识要通过实践才能转化为能力和素质。高职学生要将学习和工作结合起来，在学中干、在干中学，不断提高自己的能力素质。

3. 高职院校促进就业

从 2003 年开始，教育部启动以就业为导向的高等职业教育的改革，强调学校的合理定位和办学特色，强调人才培养方式的改革，大力推进校企合作培养，以就业为导向的改革和发展高职教育逐步成为社会共识。

（1）贴近市场需求，打造品牌专业。按照"干什么、学什么，缺什么、补什么，要什么、给什么"的原则，高职院校在对地方经济特色、市场需求（主要指人才需求和技术需求）的变化做出相关分析的基础上，聘请行业专家共同确定专业结构和课程体系，建立就业预警系统，利用网络监测各专业的就业率，对本专业做出及时的调整，打造既符合当地经济发展特点又具有行业竞争力的品牌专业。

（2）以就业为导向，改进人才培养模式。提升高职学生的就业竞争力，要从高职院校人才培养模式改革入手，以培养学生专业能力和综合素质为目标，以工学结合作为改革方向，以课程改革作为切入点，构建有就业竞争力的培养体系，培养适合社会需求的高素质高技能人才。通过情景模拟，引导学生组建创新创业团队、编制创业计划书、试办公司、进入市场。高职院校也可以主动尝试争取有关部门支持，争取能为创业者提供政策咨询、项目开发、创业培训、创业孵化、小额贷款、跟踪辅导等"一条龙"服务。

（3）开发就业见习岗位，提高学生的社会适应性。基于培养工作经验的需要，高职院校可以实行弹性学制。与社会责任强、管理规范的用人单位合作，开发一些实习就业岗位，输送学生参加岗位见习，见习的鉴定成绩可作为该学生的课程成绩，这样既不影响课程的学习，也积累了较多的工作经验，为最终实现充分就业做好准备。

（4）高职院校应该重点关注贫困生职业选择问题。因为经济上的拮据，贫困生面临着比其他同学更大的就业压力。一般毕业生求职支出的费用主要在于简历制作费、交通费、通信费、面试费以及求职期间的生活费等。因为缺乏必要的费用，很多贫困生不能赴外地求职，或不具备必要的上网工具，导致无法及时获取就业信息，错失了很多机会。因此，高职院校可安排专项经费，对贫困生在求职时予以补助，以避免贫困生因经济拮据而错失就业机会。

4. 校企合作促进就业

（1）企业应重视高职学生职业能力的培养。近些年来，随着产业聚集、企业集团化发展，形成了一批专业化的产业园区。这些产业园区特色鲜明，规模庞大，而且对专业人才的需求量较大，这就为大规模的学生实习提供了可能性，而通过实习，高职学生的职业能力又得到了提升，同时还为这些产业园区提供了针对性的人才，促进了这些企业的发展。如与学校合作，共同开展横向课题研究，这样不仅为用人单位解决了技术难题，研发了新的产品，同时又发挥了学校教师的科研优势。

（2）建立产业式的职业能力合作培养体系。用人单位应着眼于单位与学校双方共同的利益点，建立"双赢"的校企合作机制，只有这样才能做到工作场所与教育基地互相交融，理论教学与实践操作有机互动，人力资源与技术市场相互链接，最终达到不断提高学生职业能力的目的。在这个过程中，用人单位要转换观念，提高人才培养的积极性和针对性，将学生职业能力培养与企业研发、人才储备计划联系起来，这不仅能提高本单位的经济效益和社会效益，有效地节约资源，而且可以直接培养适合用人单位需求的高职学生，从而进一步增强学生的职业能力。

（3）通过校企合作培养学生的职业能力。用人单位应选择适当的高职院校建立互惠互利的合作关系，把学生职业能力培养融入生产和管理的实际中。用人单位要合理利用各种资源，与高职院校分享一些教育资源，最终形成优势互补、资源共享的互动发展的格局。首先，应建立专项的实践基地，为学校提供场所支持；其次，定期派遣有经验的专家、技术人员赴高职院校担任专业和实践教学的指导教师，也可以邀请教师进入用人单位了解专业动态，做到理论与实践相结合，为高职学生职业能力培养和就业竞争力的提高提供有利的师资条件。

案 例

马云：创业者要想成功需具备四大要素

"第一你自己要相信，就是'我相信'，'我们相信'；第二是坚持；第三，我们学习；第四，我们做正确的事和正确地做事——正是这四个关键使阿里巴巴走到现在。"在马云看来，人必须要有自己坚信不疑的事情，"你没有坚信不疑的事情，那你不会走下去；你开始坚信了一点点，就会越做越有意思。"他告诉记者，自己坚信的是，互联网会影响中国、改变中国，中国可以发展电子商务，而电子商务要发展，则必须先让网商富起来。

除了理想外，坚持也是马云非常看重的一点，"很多人比我们聪明，很多人比我们努力，为什么我们成功了，我们拥有了财富，而别人没有，一个重要的原因是我们坚持下来了。"他笑称，有的时候傻坚持要比不坚持好很多，如果空有理想，没有坚持，理想将变成一种痛苦。

学习能力，也是阿里巴巴不断成功的要素。"中国经济、世界经济、互联网加上我们的年轻，如果我们不学习，不成长，我们对不起自己，也对不起这个时代。"与此同时，马云也表示，成功还需要选择好正确的方向，"如果方向选错了，你做得越对死得越快，所以我觉得我比较幸运，阿里巴巴选择了一个正确的方向——电子商务，互联网这个方向。但是如果做错了，可能也不行。"

最后，马云还特别强调了"诚信"。"网商逐渐诞生起来，最重要的是诚信，所以选择最正确的事情，大力投入诚信建设。"（引自大学生创业网《马云：创业者要想成功需具备四大要素》）

第三节　创新创业能力为本

一、创新创业能力要求

1. 创新创业"八力论"

创新创业能力是现代青年的立世之本，求存之道。大学生创业需要具备什么样的能力，才能成为成功的创业者呢？综合创业成功经验，可总结为"八力论"，即心理承受能力、自驱力、定力、学习能力、创新能力、社会实践能力、团队合作能力和管理与沟通能力。

（1）心理承受能力。成为创业者的前提条件是具备超强的心理承受能力。大多数创业者都有失败的经历，例如硅谷创业失败率在90％以上。创业须开启常人不注意的蹊径，做别人没有做过的事，这会面临巨大的压力。21世纪是互联网时代，光靠智商和情商是不够的，还必须有很高的"灵商"，即从内心愿意改变自己，愿意改变现状，破旧立新。创业者如果不坚持这样的信念，是无法将创业做好做久的。

（2）自驱力。拥有自驱力的创业者，具有强大的内心动力。从决定创业那刻起，在创业的起步、中期甚至整个过程，都必须有自驱力。创业过程无人监督督促，全靠自身的主动和积极，去面对并战胜一切困难。俗话说"疯狂即正常"，创业者所做的就是挑战和质疑正常的事物，用疯狂的决心和行动力投入工作，不仅自动自发在行动上，更是自动自发在精神上。

（3）定力。创新创业者必须有定力，才能把握创新创业的要求和趋势，以克服所遇到的困难和各种诱惑。拥有定力者，才能做到"泰山崩于前而面不改色"，冷静沉着看待逆境和挫折，才能镇定地应对突发的状况。大学生创业成功率较低，更需要定力，需要精心研究分析社会市场的时局，抵制世俗诱惑，避免心浮气躁和目标游离。

（4）学习能力。"学习能力远比学历重要"，这是美团网的创始人王兴的人才观。当今社会，对人才的要求和标准逐渐提高，拥有大学文凭的同时还要增强学习能力，才能立于社会的不败之地。唯有掌握了学习能力，才能不断更新储备的知识和技能，成为全面发展的综合型人才，发现常人未看到的发展契机，在创业之路不断刷新成功的里程碑。

（5）创新能力。创新能力是决定创业成功与否的因素，也是创业者能否发现新的发展机遇，决定创业是否成功的重要因素。创业者要做到观念创新、思路和方法创新、技术创新，才能创造更多满足市场用户需求的产品，打造属于自己与众不同的品牌和一番新天地。

（6）社会实践能力。大学生想要创业成功，需要注重培养自己的社会实践能力，促进对社会的了解，提高自身对经济和社会发展现状的认识，实现理论知识和实践知识的相互结合，树立正确的世界观、人生观和价值观，准确发现当前社会实践中的问题。

（7）团队合作能力。初出校门的大学生想要创业成功，不能光靠单打独斗，必须建立一支凝聚力强、实力强、奋斗心足的团队。借助团队中每个成员的优点，资源共享，协同合作，互相弥补欠缺，共同完成创业的各项任务。

（8）管理与沟通能力。美国普林斯顿大学在对一万份人事档案进行分析后，结果发现"智慧""专业技术"和"经验"只占成功因素的25％，其余75％决定于良好的人际沟通。创业者沟通能力对于创业目标的实现具有重要的作用。创新创业者的管理沟通包括内部沟通（上行沟通、平行沟通和下行沟通）、外部沟通（与顾客、媒体、政府和社区的沟通），只有掌握沟通的法则，才能赢得成功。

2. 创新创业者的素质

创业者想要成功需要具备什么样的素质呢？《科学投资》杂志在研究了国内数千个创业者案例后，提出了"中国创业者十大素质"，分别是欲望、忍耐、眼界、明势、敏感、人脉、谋略、胆量、与他人分享的愿望、自我反省的能力。借鉴这项研究，可以从强烈的成功欲望、坚持不懈的精神、广阔的胸怀、敏锐的洞察力、善于交友、敢于冒险、懂得分享、不断反省这八个方面来探讨创业者的素质。

（1）强烈的成功欲望。所有创造财富的历程都是从一个梦想开始的，正所谓"心有多大，梦想的舞台就有多大"，创业者拥有与常人不同的伟大梦想，并且深信这个梦想总有一天会实现。因此，在创业的路上，他们具有强大的行动力和牺牲精神，抱以热忱和期望，执着不断地追求，最终获得了巨大的财富和声望。

创业者具有强烈的成功欲望，渴望突破目前的生活现状，开创一番大事业。不安分的欲望是推动创业者保持旺盛斗志的原动力。创业者只有保持着成功的欲望，面临巨大的压力和问题时，才能更加坚定地把握自己的命运。

"几乎零创业成本，5年时间，年销售额突破3000万元。"把这几个关键词放在传统商业模式中，几乎是一个不可能实现的梦。如今，借助互联网平台，龙启服饰把黄龙的梦想变成了现实。2008年大学毕业后，黄龙怀揣创业梦，通过网络销售女装。"万事开头难。刚接触电子商务，货源、资金和技术成了困扰我们的拦路虎。"黄龙说，为了找一个合适的供货商，他不知跑了多少次。网店开了一个月，成交量仅有1.2万元。由于销售资金"躺"在第三方支付平台上，而进货又要现金，他为筹集资金犯了难。功夫不负有心人，经过几年的摸爬滚打，龙启服饰在货源、资金和技术上都有了保障，年销售额不断提高。

（2）坚持不懈的精神。尼克松说：没有坚定的意志，或者没有强烈的自信，任何人都不可能成为重要的领袖人物。大学生加入创业的大军，既有成功，也有失败。不论是面对屡次的失败，还是短暂的成功，创业者都应具有坚韧不拔的品性。

"石油大王"洛克菲勒之所以能够成就一生的传奇故事，是在面对人生挫折、打击、舆论的时候沉着冷静、坚持奋斗，在一次次失败前屹立不倒。美国史学家们对他坚韧不拔的品质给予了很高的评价："洛克菲勒不是一个寻常的人，如果让一个普通的人来承受如此尖刻、恶毒的舆论压力，他必然会相当消极，甚至崩溃瓦解。然而洛克菲勒却可以把这些外界的不利影响关在门外，依然全身心地投入他的垄断计划中，他不会因挫折而一蹶不振，在洛克菲勒的思想中不存在阻碍他实现理想的丝毫软弱。"凭着这股忍耐的精神、非凡的意志、与众不同的自信和对事业永不气馁的毅力，洛克菲勒成为了富可敌国的人。

（3）广阔的胸怀。大学生想要创业成功，就要高瞻远瞩、胸怀广阔，要做到有"容"乃大。创业初期，创新的点子可能不被理解、不被看好，遇到许多发展瓶颈和困难。拥有广阔胸怀的创业者，懂得尊重合伙人的长处，包容下属的不足，充分利用长处。

（4）敏锐的洞察力。在不断强调创新的时代，具有敏锐洞察力的创业者，往往能在创新中真正受益。这就要求创业者对所处行业的发展趋势有清晰的判断，对用户的需求具有独到的分析和解决策略，对创业之路的方向和行动成竹在胸。

马云对电子商务的独到见解之处是看到诚信的重要性，在国内最早推出诚信体系和产品——诚信通。出于增进电子商务诚信体系的考虑，阿里巴巴推出了第三方支付工具——支付宝，成就了互联网的传奇故事。

（5）善于交友。人脉是影响成功的重要因素，创业也是如此，正所谓天时地利人和。人脉资源是创业者构建其人际网络或者社会网络的关键。第一人际资源是家人、同学、朋友、同乡、战友方面的人脉，第二人脉资源是父辈关系网的资源，大学生可从这两方面入手，为创业的成功谋求捷径和法宝。

例如，进入《福布斯》的中国富豪南存辉和胡成中是小学和中学时的同学，一个是班长，一个是体育委员，后来两人合伙创业，在企业做大以后才分了家，分别成立正泰集团和德力西集团。一位创业者在接受《科学投资》的采访时说，他到中关村创立公司前，曾经花了半年时间到北大企业家特训班上学、交朋友，开始的十几单生意都是在同学之间做的，或是由同学帮着做的。初创业的大学生应该真诚对待身边的每一位朋友、客户，说不定在创业的某个阶段会需要其伸手援助。

（6）敢于冒险。创业本身就是一项冒险活动，创业者要敢于冒险，放手一搏。创业的关键是创业者能否看到市场上的不均衡机会，这种机会可能长期存在，也可能瞬间消失。有些理性思维者无法接受这种不稳定带来的机会，只有具有过人的胆量、敢于承担风险的人才会把握机会谋利，因而他们的收获多于常人。

冒险精神是创业者素质的一个重要组成部分，在创业过程中不仅要承担财务风险，还要经历各种不确定性带来的心理压力，没有冒险精神的人就不能在创业之路有勇有谋地潜行。冒险精神要求创业者拥有对市场决断的勇气和洞察力，能审时度势地在复杂环境与情况下洞察到事物的内在本质和运动发展趋势，通过各种渠道认真听取和分析各方面的意见，并不失时机地做出科学合理的决策。

（7）懂得分享。创业者一定要懂得与他人分享，一个不懂得与他人分享的创业者，不可能将事业做大。懂得分享的创业者才能留住人才，让组建的团队紧随自己奋斗的步伐。分享一方面指的是创业利益内部的分享，与打拼江山的队员共享获利的果实，增强团队的凝聚力；另一方面指与团队外部的利益等方面的分享，做到有钱大家一起赚，维持长久的合作关系。创业者还要用心回报社会，做慈善、公益等活动，给予需要帮助的人绵薄之力。

比如说，你有六个苹果，面临两个选择。你可以把它们全部吃掉，但你也可以自己吃一个，给别人分五个。表面上你丢了五个苹果，实际上你一点也没丢，因为你获得了五个人的友谊。当你有困难的时候，他们就很愿意来帮你。"我吃了你一个苹果，当我有橘子的时候，也会分给你一个橘子。你用这种方式收集了另外的五种水果。"

（8）不断反省。创业既是一个不断摸索的过程，也是一个不断犯错误的过程。对于创业者来说，反省是认识错误、改正错误的前提，反省的过程就是学习的过程。是否具备自我反省的能力，是否具备自我反省的精神，是创业者能否及时认识自身错误，适时改正的关键所在。

曾子有言："吾日三省吾身"。对于创业者来说，不断反省应该是时刻警醒自己、反思自己，这样才能保持头脑时刻清醒。

案 例

创业原动力

李彦宏提醒创业者，并不是每个人都适合创业。最成功的创业者的初衷不仅仅是为了赚钱。李彦宏说："通过自己的体会和跟很多成功企业家的交流，发现创业最开始的原动力都不是为了赚钱，这一点可能和很多人想象的不一样，其实通过创业挣钱是最苦最累的一条路。"

总结百度经验，李彦宏说："很多人问我有没有想到百度会有今天这样的成功，我说我既想到又没想到。想到的是什么？想到的是有一天有几亿人在用我做出来的东西，没有想到的是这个搜索引擎这么赚钱。这对于所有创业者来说算是一个忠告，你真的要信仰这个东西，否则你不适合做。"

在决定创业时，李彦宏在搜索引擎技术方面排在全世界前三位。李彦宏的执着、专注和专业在业内有口皆碑，从而赢得了投资者的青睐。事实上，百度的创业之路其间不乏惊心动魄、风云变幻——激烈的董事会争辩，合作伙伴的退出，商场无情的竞争等重重挑战，都在不时地考验和冲击着李彦宏。但李彦宏一直保持淡定、从容，随着资本的不断增加和技术的不断成熟，百度有了一日千里的快速发展。（引自华西都市报《李彦宏：通过创业挣钱是最苦的一条路，最成功的创业者创业的初衷不仅仅是为了赚钱》）

二、培养大学生创新创业能力

大学生创新创业能力培养需要得到学校、政府、企业三方协同，学校培养大学生创新创业能力，政府出台有利于大学生创新创业的政策，企业从提供大学生优质创业项目、配备有经验指导教师的实践出发。

1. 释放高校毕业生创新创业活力

最大限度地凝聚、激活全民创业的热情和创业能量，以创业促发展、促创新、促就业、促和谐，就要在全社会营造全民创业的良好氛围。加大创业光荣宣传的力度，系统地宣传创业政策、创业项目、创业环境、创业典型，营造人人想创业、人人敢创业、人人会创业的社会环境，营造政府鼓励创业，社会支持创业，政策扶持创业的社会氛围。牢固树立创业就是就业，就业必须创业的理念，让广大高校毕业生尽快从传统的就业观念中解脱出来，以市场为导向，以技能为支撑，寻求创业就业。

2. 构建多层次、多元化创业融资体系

近年来，政府进一步完善小额担保贷款制度，简化审批手续，提高融资效率，增强对金融机构推广小额贷款的内在激励；积极发展多种融资方式，实现高校、创业项目与创投资本之间的交流与对接，支持风险投资基金的发展，引导协调保险资金、银行资金、社会资本等参与大学生创业风险投资基金的设立，支持大学生创业项目；发挥政府担保作用，通过担保风险的补偿和担保机构的激励，提高商业性的小额贷款担保机构的积极性，为大学生创业获取贷款提供方便；政府资助或鼓励民间成立专门为初创企业服务的银行体系，直接为大学生创业提供融资支持。

3. 聚集创新创业高端要素

加强大学创业园和大学生创业孵化器建设，依托高新技术开发区、经济技术开发区等建立大学生创业园，为大学生创业提供免费或优惠的办公场地、创业辅导、孵育保障，以及畅通的创业融资、成果转化及项目合作交易渠道。对进入创业园的大学生创办企业，以高新技术企业的标准给予政策优惠，促进更多大学生实施以技术创业带动大学生团队和社会就业；大力发展会计师事务所、资产评估事务所、金融中介机构、风险投资公司等社会中介服务机构，为大学生创业提供专业化服务和咨询；搭建大学生创业信息服务交流平台，建立健全大学生创业项目库、人才库、产品库、政策法规库、技术专利库、产权交易库等，为大学生创业提供快捷的网络信息服务。

4. 降低创业门槛和创业成本

认真落实和完善政府支持大学生自主创业的各项扶持政策，进一步实施高校毕业生的创业"七补一贷"、小微企业吸纳就业"六补一缓"和离校未就业高校毕业生实名登记服务等措施，多方位引导和促进高校毕业生走自主创业之路。同时，还要不断完善大学生创业就业的服务体系，加强对有关优惠政策落实情况的监督检查，努力形成政府、大学、企业、创投基金等多方面工作合力，使大学生想创业、能创业、创好业。近年来，政府为减轻大学生创业的税费负担，实施税收优惠、费用减免和财政补贴等优惠政策，使大学生创业有了一个外部成本较低的成长环境。

5. 改变高校传统教育模式

高校创业型人才培养的主要着眼点是创新精神和创业意识。具体包括：一是要将创新创业教育作为大学生的公共必修课和基础课，提高创新创业教育的地位，推动创新创业教育；二是加强创新创业教育师资队伍建设，鼓励教师走进企业、吸引企业家走上讲台，开展师资培训和交流；三是完善创新创业教育课程设置和教学模式。完善创新创业课程设置和教学内容，培育包括创业兴趣和价值观念、创业心理品质、创业技巧和能力等在内的全面创业素质；改进创业教学模式，将课堂讲授、案例讨论、角色模拟、基地实习和项目实践等教学方法结合起来，开展包括论坛、创业计划竞赛、培训班等多种形式的创业教育改革。鼓励高校、政府和企业联合建立大学生创新创业基地，设立创业岗位，提高大学生的创业实践能力。

案 例

中山职业技术学院创新创业教育中心

中山职业技术学院创新创业教育中心遵照"促进以创业带动就业"的要求，坚持服务中山经济社会发展和建设创新创业型城市发展定位，成为学院积极探索创新创业教育的创新举措。创新创业教育中心充分尊重高职院校办学规律，倡导"自行创造就业岗位"的创业教育理念，围绕学生创新创业践行能力的培养，积极贯彻实践育人的方针，着力培养新生代的创业精英。创新创业教育中心以先进的教育理念、雄厚的师资力量、优良的教学环境、突出的教育教学效果，全力服务于学生的成长和成才。

创新创业教育中心凝聚了一批团结进取，专兼职结合，校内外互补的双师型教师教学队伍。聘请了中国"隐形冠军"代言人、广东非常小器有限公司董事长梁伯强，广东名派家具制造有限公司董事长江展增，中山市咀香园食品有限公司董事、副总经理张延杰等为代表的一批本土知名企业家担任创业导师，对学生的创业发展、经营管理等进行指导。

创新创业教育中心依托中山优良的创新创业条件和自主创业氛围积极强化专业建设，锻造精品，开设了创业管理专业。针对创业核心能力的开发，校内建设了创业策划工作室、创业申办工作室、创业管理工作室、大学生创业园、创新创业教育教学工场等实训实践场地，在校外，建设了以中山市大学生创业孵化基地为代表的一系列创业实践、孵化基地，为学生创业能力的培养和开发打下了坚实的基础。同时，创新创业教育中心通过每月举办创业论坛、讲座，组织到企业参访调研，开展创业计划竞赛，丰富的创业社团活动，组织创业校友联合会等多种形式，强化了校园创业文化氛围。

短短几年的时间，创新创业教育中心以积极向上的创新创业精神和事业开拓的激情，在教学、科研、社会服务及文化传承与创新方面取得一系列成果。创新创业教育中心教师开发的"创业实务"课程成为国家精品课程，获得学院教学成果一等奖、三等奖各1项，开展国家、省、市科研课题20余项，公开发表科研论文近50篇。近年来，学院创新创业教育效果显著，涌现了一批自主创业的典型。麦可思公司（MyCOS）的调查显示，学院毕业生自主创业率远高于广东及全国同类高职院校的平均水平。（引自中山职业技术学院《创新创业教育中心简介》）

单元小结

21世纪是创新创业的世纪，更是每一个青年学生人生出彩的世纪。我国高校毕业生就业体系已经由过去"毕业分配"向"双向选择"再逐步向"自主创业"过渡，这是解决大学生就业的最佳途径。创新创业既解决就业岗位，还为社会发展注入强劲的动力，是促进经济发展、拓宽就业渠道、促进个体自我实现的重要举措。

2014年9月，李克强总理在夏季达沃斯论坛开幕式上，首次向世界宣告，中国要在960万平方公里土地上掀起"大众创业"新浪潮，形成"万众创新"新态势。作为有知识、有理想、有激情的大学生，要把握自己的优势，使自身具备创业者的基本素质，如强烈的成功欲望、坚持不懈的精神、广阔的胸怀、敏锐的洞察力、善于交友、敢于冒险、懂得分享、不断反省等，找准创新创业方向，点燃创新创业梦想；努力学习专业知识，提升创新创业能力；脚踏实地，投身创新创业实践，用实际行动迎接创新创业时代的到来。

单元练习

一、选择题

1. 创新就是建立一种新的生产函数，把一种从来没有过的关于生产要素和生产条件的"新组合"引入生产体系。它包括（　　）。

A. 获得原材料或半成品的一种新的供应来源

B. 引入一种新的生产方法

C. 实现企业新组织

D. 引入一种新产品

E. 开辟一个新的市场

2. 宋朝的吕本中说："悟入必自功夫中来。"这句话指的是一种什么精神？（　　）

A. 顿悟的精神

B. 敢为天下先的创新精神

C. 积极进取的精神

D. 锲而不舍的钻研精神

二、名词解释

创新创业

三、简答题

试从政府、企业和学校三方面谈如何培养大学生的创新创业能力。

创新创业实践教育平台

学习目标

◀ 知识目标

- 了解大学生科技活动平台，认识创新创业活动的意义。
- 熟悉大学生创新实践教育平台和科技创新竞赛。
- 了解大学生创业训练平台。

◀ 能力目标

- 能够参与科技创新创业实践与训练活动。
- 提高大学生创业意识和创新精神。
- 掌握大学生创新创业相关工作的基本流程。

第一节　大学生科技活动平台

—— 引 例 ——

广州城市职业学院学术科技节

广州城市职业学院每年举办学术科技节，学术科技节秉承"崇尚科学、追求真知、锐意创新、迎接挑战"的宗旨和"创新·创业·创未来"的精神。科技节以"挑战杯"大学生创业计划竞赛为龙头，推进大学生科技创新活动。例如，第八届学术科技节以"挑战杯"大学生创业计划竞赛为依托，通过搭建校内"挑战杯"创业比赛平台，使参赛同学在创业知识技能体系、创新精神、创新能力、综合素质等方面得到全面提高，也培养了参赛学生的团队精神，掀起大学生的创新创业新潮。其间，来自学院8个系的16支队伍参加了"挑战杯"大学生创业计划竞赛决赛。经过激烈角逐，3支优胜队伍代表学院参加了"创青春"广东大学生创业大赛。另外，在第九届学术科技节上，开展了"用友杯"ERP沙盘模拟大赛、大学生"色彩缤纷，调出精彩人生"调酒技能大赛、大学生生物化学实验技能大赛等丰富多彩、富有学术技能、高成效的活动，涌现出一批优秀指导老师、优秀个人与各个活动获奖者。学术科技节营造了学院科技创新和学术研讨的浓厚氛围，给予了广大学子展现聪明才智的舞台和表现自我的机会，成功推动了高职大学生积极参与学术科技实践。

一、创新创业活动的意义

组织开展大学生科技创新创业活动，是专业人才培养模式改革的重要举措。许多大学生走进校园后，都会提出问题："如何才能高效地学习？"教育心理学家布鲁纳认为，学习者自己发现的东西才是最重要和最富有个人特色的知识。语言学家富兰克林在回忆自己一生所接受的教育时说："告诉我，我可以忘记；教给我，我可能会记得；但如果我参与其中，我就会真正地掌握。"物理学家、制造业运作管理大师E. M. 高德拉特在其《目标》一书中也指出，我们能够学到东西的唯一方法是通过自己的推论和实践，而只把最终结果告诉大学生的方式不是学习的正途。实践证明，参与科技创新活动，能够拓宽大学生对专业领域的认知，能够训练创新思维和实践能力，是大学生发现知识和高效学习的一条重要途径。

案 例

不当重复知识的机器人

作为世界著名学府之一，牛津大学在其800多年的建校史中，培养出了5位国王和26位英国首相。牛津大学为何能够培养出如此众多的杰出人才？牛津大学的大学生是如何学习的？日前，牛津大学乔治·史密斯教授与北京科技大学学子进行了一次面对面的交流，回答了大学生们普遍关心的问题。

乔治·史密斯教授说，牛津大学很可贵的一点是能够"挖掘"人才，通过"牛津式"的教育把学生的内在潜力发掘出来，使他们的天分得以充分发挥。牛津大学坚信：向学生灌输知识，让学生机械地记忆很多东西，是一种摧毁人才的教育方式。牛津大学的人才培养原则是教给学生一些新东西、新知识，并且要求学生把学到的知识用于创新。例如，让学生从某个已知的理论找到论据，再从论据中发现该理论的不足之处。

未来的领导人要有创新精神，大学生要试着去证明老师或书本知识是错误的，这样才能保证科学不断进步。乔治·史密斯教授特别指出，大学生不要当重复知识的机器人，而要做有创造力的独立学术人，应该在质疑和创新中学习。牛津大学的教学精髓是：不要对别人说出的每一句话都信以为真，年轻人不要盲从，要敢于独立思考。（资料来源：文静．中国青年报，2005－04－05）

参与科技创新创业活动是培养大学生创新精神的重要手段。越来越多的教育工作者已经认识到，创新精神和创业意识是"教"不出来的，也很难从书本中"学"到。在知识经济时代，如何培养大学生的创新精神和创业意识，是高等教育工作者共同面临的一个重大课题。美国斯坦福大学校长卡斯帕尔说过："学生在课程学习中参与科学研究，获得的是运用基本原理进行思考的能力，而这种能力的培养可以产生创新的种子。"高等教育改革的实践证明，科技创新活动是培养大学生创新能力的重要手段。

科技创新创业活动是塑造大学生意志品质的重要载体。意志品质的养成，往往比能力本身更重要。陈景润曾说："攀登科学高峰，就像登山运动员攀登珠穆朗玛峰一样，要克服无数艰难险阻，懦夫和懒汉是不能享受到胜利喜悦和幸福的。"是否勇于挑战理论知识的权威、挑战导师、挑战自我，是否具备健康的心理状态和积极进取、开拓创新的意识，大学生创新创业活动在其中发挥了重要作用。在参与科技创新活动的过程中，每一个细节的考验，每一次苦难的克服，每一次失败的教训，都是大学生成长中难得的历练。

科技创新创业活动是大学生服务社会发展的重要途径。大学生不仅是学习者，更是创新和奉献的主体，是宝贵的人力资源。1988年暑期，全国各大高校在课外科技活动中完成各类科技服务项目2万多个，转让科技成果3000多项，创造直接、间接经济效益6000多万元。在第八届"挑战杯"全国大学生课外学术科技作品竞赛科技成果拍卖会上，"洪水应急救助体系"等18件参赛作品成功转让，北京科技大学一位参赛学生在项目推介会上与3家企业签约……由此可见，大学生参与科技创新活动，不仅能全面提升自身素质，还能在大学阶段将自己所学的知识、技能和智慧转化为社会需要的技术，为国家和社会贡献自己的力量。

二、大学生科技创新创业动态

在建设创新型国家的发展进程中，国家对于大学生科技创新活动日趋重视，政府于 2007 年开始实施国家大学生创新性实验计划，并给予政策、资金等方面的支持。各高校广泛发动师生参与大学生科技创新活动，建立了将科技创新活动纳入专业培养必修环节的长效机制。全国大学生科技创新活动逐步形成了以"挑战杯"科技竞赛为龙头，全国大学生物理竞赛、数学建模竞赛、电子设计竞赛等科技赛事精彩纷呈的局面。各高校学生科技竞赛活动繁花似锦，并逐步形成了多层次、多类型的科技竞赛体系。

案例

"挑战杯"成果转让项目受到市场青睐

同济大学郁晓等同学把创新建立在市场调研的基础上，在研发"玉米塑料"前，他们面向专家、企业家以及普通消费者进行调研，完成了有价值的调研报告。他们在聚乳酸中加入淀粉，大大降低了成本。"因为昂贵，爱知世博会上，聚乳酸只能用作手提电脑材料，现在可以做成杯子，普通人也能买得起。"他们还做了前景预测："10～20 年内，每年需求量 1000 万吨，年产值可达 14 亿元。"大学科技园一家企业与学生签订了成果转让合同。"挑战杯"全国大学生课外学术科技竞赛上，有些作品在市场上走得更远。东南大学刘泉的钙锌固态植物油项目已经完成转让，现在正式批量生产。南京航空航天大学张子谦的"使用 C++ 实现的类 UNIX 操作系统"已经作为教材用于本科生教学。当大学生的科技创新与敏锐的市场意识结合在一起，"挑战杯"就拥有了更强大的辐射力。（资料来源：新华网，2006－09－03）

小资料

广州城市职业学院"挑战杯"竞赛管理办法

"挑战杯"竞赛是由共青团中央、中国科协、教育部、全国学联和承办高校所在地人民政府联合主办，国内著名高校和新闻媒体单位联合发起的一项具有导向性、示范性和群众性的全国竞赛活动，被誉为中国大学生学术科技的"奥林匹克"盛会。"挑战杯"系列竞赛包括大学生课外学术科技作品竞赛和大学生创业计划竞赛两项赛事，每项比赛两年举办一届，两项比赛交叉轮流举行。"挑战杯"系列竞赛一般分为校级选拔赛、省级复赛和全国决赛。

为培养学生的创新精神和实践能力，充分调动学生参加"挑战杯"竞赛的积极性和主动性，鼓励学生积极参加"挑战杯"竞赛，广州城市职业学院制定相关管理办法。"挑战杯"系列竞赛分为系部组织申报、院团委组织校内比赛和择优项目参加省级、国家级比赛三个环节。校内比赛由院团委负责统筹，凡是通过校内比赛获奖，并代表学院参加省级比赛的项目，院团委将根据项目实际情况预支一定的经费进行资助；代表学院参加省级、国家级比赛者由院团委和指导教师组共同负责，指导学生参与省级和国家级比赛，并根据全国决赛情况指导学生现场答辩。奖励对象为学院全日制学生在国家级、省级、校级的"挑战杯"课外学术科技作品和创业计划竞赛中获奖的团队（或个人）。

小资料

广州城市职业学院大学生课外学术科技作品竞赛决赛

2015 年 3 月 25 日，广州城市职业学院第二届"挑战杯"大学生课外学术科技作品竞赛决赛暨第九届学术科技节开幕。这次"挑战杯"入围决赛的作品共有 20 个，包括自然科学类学术论文、哲学社会科学类调查报告和学术论文、科技发明制作类作品。比赛包括 4 分钟 PPT 展示及 4 分钟现场答辩两个环节，经过赛前的认真准备和老师的精心指导，参赛选手侃侃而谈、从容应对。食品系《干酪乳杆菌代谢产物抑菌性能及在豆腐保鲜中的研究》等两个作品获一等奖，机电工程系《复杂曲面薄壁零件手板模型的 3D 打印研究》等四个作品获二等奖，财会金融系《高职大学生兼职现状调查与分析——以广州高职院校为例》等四个作品获三等奖，应用外语系《高校社会主义核心价值观教育实效性调查报告》等八个作品获优秀奖。

2015 年 5 月 22—25 日，第十三届广东省"挑战杯"大学生课外学术科技作品竞赛终审决赛在华南师范大学举行，团省委、省教育厅、省科技厅、省科协、省学联共同主办省"挑战杯"竞赛，大赛共收到来自 107 所院校的 1232 件参赛作品。经过激烈角逐，来自 96 所高校的 600 件参赛作品入围终审答辩环节，其中自然科学类 122 件、哲学社会科学类 242 件、科技发明制作类 236 件。广州城市职业学院学生喜获一等奖 2 项，二等奖 2 项，三等奖 4 项。

第二节　大学生科技创新实践教育平台

大学生学术科技竞赛作为创新教育的重要实践平台，引领着学校教学改革，选拔和发现了一大批在学术科技上有潜力、有作为的优秀人才。大学生学术科技竞赛深受广大同学的欢迎，每年数十万计的大学生在这个舞台上展示着他们的智慧与活力，一大批优秀的作品和精英人才脱颖而出。参加学术科技竞赛已经成为大学生学习的重要组成部分。

近年来，"以赛促教"已经成为教育教学改革的一个重要抓手，各级教育行政机构和行业协会纷纷通过组织各类职业技能竞赛，激发学生的学习热情，提高学生职业技能，培养学生的创新精神和创业意识。在调动学生的学习积极性、引导学生积累和运用知识的同时，也有效锻炼了学生的非智力因素，如增强信心、磨炼意志、提高竞赛意识、加强团队合作等。许多大学生用"一次参赛，终生受益"来描绘他们的感受。经历学术科技竞赛的洗礼，在校大学生既能充分品尝到科技攻关的艰辛，也享受到了创新创业的快乐和成功的喜悦，这些体验将伴随终生。

开展大学生学术科技竞赛，既使优秀的人才脱颖而出，同时又为他们的未来发展奠定良好基础。在赛事中取得一定成绩的学生，在就业、创业和出国深造等方面较其他学生都具有明显的优势。对国家而言，这种优势已成为一种可持续的人才效应。2003 年 12 月 3 日《中国教育报》报道："挑战杯"比赛对培养大学生的科学精神和创新能力发挥了重要作用，"挑战杯"创办 14 年来，已有近百万大学生直接或间接参与了这项赛事，"挑战杯"获奖者中已经产生了两位长江学者、6 个国家重点实验室的负责人、20 多位教授和博士生导师，3 人获得了教育部评选的中青年优秀教授奖，70%的获奖学生攻读了更高层次的学历，近 30%的参赛者出国深造。由此可见，"挑战杯"竞赛不仅仅是一次大学生科技成果的大展示，更是一块造就优秀科技后备人才的良好土壤。

大学生科技竞赛不仅推动了各高校的教学改革和学风建设，也提高了毕业生的创新精神和就业竞争力。参加过竞赛的学生，特别是获奖学生，得到了各用人单位的普遍欢迎。例如，广州城市职业学院毕业生因为在"中华茶艺技能大赛"中荣获佳绩，并考取劳动部门颁发的高级茶艺技师证书，而成为用人单位争着要的"香饽饽"。虽然究竟有多少学生因参与科技竞赛而顺利就业，目前尚没有确切统计，但绝大多数高校都认为，经过竞赛磨砺的毕业生，其创新意识、动手能力、团队合作精神普遍得到了提高，更为用人单位所赏识。

一、专业类科技竞赛

专业类科技竞赛主要是指偏向某些特定专业的科技竞赛，竞赛内容是针对某些实际或设定的问题，利用专业知识寻求解决方案。此类竞赛主要注重学生对专业知识的实际运用能力，对学生的专业知识功底、创新思维、自学能力等要求较高。

1. 全国大学生电子设计竞赛

全国大学生电子设计竞赛采用全国统一命题、分赛区组织的方式，以"半封闭、相对集中"的组织方式进行。竞赛期间学生可以查阅有关纸介或网络技术资料，队内学生可以集体商讨设计思想，确定设计方案，分工负责、团结协作，以队为基本单位独立完成竞赛任务。为保证竞赛工作，竞赛所需设备、元器件等均由各参赛学校负责提供。

竞赛内容以电子电路（含模拟电路和数字电路）应用设计为主，可以涉及模—数混合电路、单片机、可编程器件、EDA 软件工具的应用。竞赛题目包括"理论设计"和"实际制作与调试"两部分。

竞赛时间和竞赛周期：全国大学生电子设计竞赛每逢单数年的 9 月举办，赛期 4 天（具体日期届时通知）。（大赛网址：http：//www.nuedc.com.cn/）

2. 全国电子专业人才设计与技能大赛

该大赛是工业和信息化部指导的大中专学生学科竞赛，是面向大学生及中专生的群众性科技活动。

参赛学生必须按各分赛区规定的时间参加大赛，分赛区统一开赛，准时交卷。各赛区组委会须按时收回学生的作品并及时封存，并按规定交赛区专家组评审。大赛采用封闭集中的组织方式进行。比赛期间，学生需独立完成比赛任务，所需设备、元器件、技术资料，均由大赛组委会提供。

"嵌入式系统设计与开发"和"单片机设计与开发"项目的比赛时间为 5 小时，"电子设计与制作"和"电子组装与调试"项目的比赛时间为 4 小时。大赛选拔赛在各赛区指定赛点进行，总决赛在全国指定的赛场集中进行。

该项比赛为全国性大赛，覆盖全国各省市。根据报名情况，在各省市设立分赛区。比赛分为选拔赛和总决赛。一般情况下，每年 3 月开始报名，5—6 月开展选拔赛，9—10 月进行总决赛。

所有成绩优秀的参赛选手均可获得由工业和信息化部人才交流中心及大赛指导单位联合颁发的证书。决赛三等奖及以上获奖选手可获得金额不等的奖金奖品，并获得北京大学软件与微电子学院免试推荐研究生面试资格（选手须获得其所在学校的推荐资格），还有机会被推荐就业。（大赛网址：http：//www.miit-netc.org/）

3. 全国大学生数学建模竞赛

全国大学生数学建模竞赛的题目一般来源于工程技术和管理科学等方面经过适当

简化加工的实际问题。全国统一竞赛题目，采取通信竞赛方式，以相对集中的形式进行。

竞赛每年举办一次，一般在某个周末前后的 3 天内举行。大学生以队为单位参赛，每队 3 人（须属于同一所学校），专业不限；竞赛分赛区组织进行。原则上一个省（自治区、直辖市）为一个赛区。

各赛区组委会聘请专家组成评阅委员会，评选本赛区的一等奖、二等奖（也可增设三等奖），获奖比例一般不超过 1/3，其余凡完成合格答卷者可获得成功参赛证书。各赛区组委会按全国组委会规定的数量将本赛区的优秀答卷送全国组委会。全国组委会聘请专家组成全国评阅委员会，按统一标准从各赛区送交的优秀答卷中评选出全国一等奖、二等奖。（大赛网址：http：//mcm．edu．cn）

4. 全国大学生嵌入式设计大赛

"博创杯"全国大学生嵌入式设计大赛是由中国电子学会嵌入式系统专家委员会和中国软件行业协会嵌入式系统分会主办的国内高校大型嵌入式系统设计竞赛活动。大赛内容主要涉及 ARM/SOPC 等高端嵌入式新技术，其覆盖面广，影响力大，已成为国内嵌入式大赛的第一品牌。

每年 1—4 月参赛报名；学生自愿参加，三人一队。参赛队依据分赛区划分；大赛采用全国统一报名。分赛区预赛：4—6 月。各参赛队伍分别进行作品设计，按分赛区预赛时间统一提交作品。经组委会评审评出预赛获奖作品。获分赛区一等奖、二等奖的队伍（获奖比例 20%）入选全国总决赛。

全国总决赛：7 月。各赛区提交预赛获奖作品，经组委会评审评出决赛获奖作品，同期举行决赛颁奖仪式。获奖人员可参加人才库交流及大学生创业交流活动，获得更多就业机会。

"博创杯"全国大学生嵌入式设计大赛的评奖，分为"赛区奖"和"全国奖"两种形式。各赛区竞赛组委会负责本赛区的评奖工作，赛区奖的评奖等级及各奖项获奖比例由各赛区根据实际情况自行确定。为鼓励学生广泛参与这一活动，凡按时完成竞赛内容、达到基本要求的参赛队均可发给"中国电子学会获奖证书"。（大赛网址：www．cie-eec．org 和 www．up-tech．com）

5. 全国英语演讲大赛

"外研杯"全国英语演讲大赛分 4 个层次进行，即初赛、复赛、半决赛及决赛。

初赛时间：根据本省（自治区、直辖市）大学外语教学研究会公布的时间安排举办，确保在本省（自治区、直辖市）复赛之前完成初赛。

比赛环节：可包括定题演讲、即兴演讲、回答问题等部分。

演讲题目：定题演讲可参考大赛决赛题目，也可自定。即兴演讲题目自定。

复赛时间：每年 11 月完成复赛，并将入围决赛的选手名单上报大赛组委会秘书处。

决赛资格：各省（自治区、直辖市）复赛前 3 名（限 3 人，不得出现并列名次）选手。

6. 全国大学生结构设计竞赛

全国大学生结构设计竞赛由教育部、住房和城乡建设部、中国土木工程学会联合主办，为教育部确定的全国九大大学生学科竞赛之一。

全国大学生结构设计竞赛的宗旨是培养大学生的创新意识、合作精神，提高大学生的创新设计能力、动手实践能力和综合素质，加强高校间的交流与合作。于 2005 年在浙江大学举行第一届全国大学生结构设计大赛，第二至第十届分别于 2008—2016 年在大连理工大学、同济大学、哈尔滨工业大学、东南大学、重庆大学、湖南大学、长安大学、昆明理工大学、天津大学举行。大学生结构设计竞赛原则上每年举办一次，竞赛时间一般安排在下半年。

二、综合类科技竞赛

综合类科技竞赛主要指竞赛作品涵盖工、理、管、文等多学科（如"挑战杯"全国大学生课外学术科技作品竞赛）或者竞赛内容需要多学科交叉配合完成（如全国大学生机器人大赛）的科技竞赛。

"挑战杯"全国大学生系列科技学术竞赛由共青团中央、中国科学技术协会、教育部、中华全国学生联合会共同主办，分课外学术科技作品竞赛和创业计划竞赛两类，每两年一届间隔举办，已被公认为中国大学生的"科技奥林匹克圣会"。

1. "挑战杯"全国大学生课外学术科技作品竞赛

"挑战杯"已发展为学生科技创新的普及性大赛，并形成了以"挑战杯"为重点的系列科技赛事。如创新设计竞赛、数学建模竞赛、程序设计大赛、结构设计大赛、机械设计大赛、网站设计大赛等，这些竞赛吸引了不同学科的同学组成相应的参赛团队，促进了学科交融，营造了校园科技创新氛围，为更多的专业人才提供了展示的舞台。

课外学术科技作品竞赛的参赛内容包括在校学生申报自然科学类学术论文、哲学社会科学类社会调查报告和学术论文、科技发明制作三类作品；聘请专家评定出具有较高学术理论水平、实际应用价值和创新意义的优秀作品，给予奖励；组织学术交流和科技成果的展览、转让活动。

比赛每两年举办一次，报名时间一般是上一年。"挑战杯"全国大学生课外学术科技作品竞赛目前已形成校级、省级、全国的三级赛事，参赛同学首先参加校内及省内的作品选拔赛，优秀作品报送全国组委会参加决赛。

2. "挑战杯"中国大学生创业计划竞赛

创业计划竞赛又称商业计划竞赛，是风靡全球高校的重要赛事。它借用风险投资的运作模式，要求参赛者组成优势互补的竞赛小组，提出一项具有市场前景的技术、产品或者服务，并围绕这一技术、产品或服务，以获得风险投资为目的，完成一份完整、具体、深入的创业计划。

在美国，创业计划竞赛不仅催生了闻名世界的"硅谷"，而且在大学的创业氛围中诞生了不少高科技公司。中国创业计划竞赛最早于1998年在清华大学举行。1999年，由共青团中央、中国科学技术协会、中华全国学生联合会主办，清华大学承办的首届"挑战杯"中国大学生创业计划竞赛成功举行。竞赛汇集了全国120余所高校的近400件作品，全国高校掀起了一轮创新、创业的热潮，产生了良好的社会影响。在社会各界的关心和支持下，一批创业计划进入了实际运行操作阶段，技术、资本与市场的结合向更深的层次推进。经过十几年的市场洗礼，一部分学生创业公司正在逐步走向成熟，创业计划竞赛使大学生校园创新意识、创业能力的教育与培训工作得到了进一步发展，成为共青团、学生会组织参与素质教育的新载体，成为学生科技活动的新形式。

大力实施"科教兴国"战略，努力培养广大青年的创新、创业意识，造就一代符合未来挑战要求的高素质人才，已经成为实现中华民族伟大复兴的时代要求。作为学生科技活动的新载体，"挑战杯"中国大学生创业计划竞赛必将在培养复合型、创造型人才，促进高校产学研结合，推动国内风险投资体系建立方面发挥越来越积极的作用。

创业计划竞赛以创业计划书为基础，以经营之道——企业运营电子对抗系统、创业之星——大学生创业模拟实验室、金蝶K/3 ERP管理软件为竞赛平台，结合竞赛平台的经营绩效，由评审团点评的方式进行综合评判，以更好地考查大学生的综合能力与经营水平。

比赛每两年举办一次，竞赛分预赛、复赛和决赛三个阶段进行。5—6月，各省（自治区、直辖市）组织本地预赛。8月，举行全国竞赛复赛。全国评委会对作品进行评审，选出若干件优秀作品进入决赛。9月底，进行全国竞赛决赛。评委会将通过书面评审、网络虚拟经营和秘密答辩三个环节，评出若干金银铜奖及其他单项奖作品。

三、社会类科技竞赛

1. 全国大学生节能减排社会实践与科技竞赛

全国大学生节能减排社会实践与科技竞赛是由教育部高等教育司主办、唯一由高等教育司办公室主抓的全国大学生学科竞赛，为教育部确定的全国十大大学生学科竞赛之一，也是全国高校影响力最大的大学生科技竞赛之一。

该竞赛以"节能减排、绿色能源"为主题，紧密围绕国家能源与环境政策，紧密结合国家重大需求，在教育部的直接领导和高校积极协作下，起点高、规模大、精品多、覆盖面广，是一项具有导向性、示范性和群众性的全国大学生竞赛。竞赛作品分为"社会实践调查"和"科技制作"两类，倡导大学生深入社会调查，发现国家重大需求，启发创新思维，形成发明专利。将人文素养融合到科学知识技能之中，使学以致用不仅体现于头脑风暴，而且展现在精巧创造上。竞赛吸引了大陆 250 多所高校、港澳台以及部分海外高校的参与，已经形成了"百所高校，千件作品，万人参赛"的国际性规模。

全国大学生节能减排社会实践与科技竞赛专家委员会由两院院士、"973"首席专家、长江学者、杰出青年获得者等 130 余位国内知名专家学者组成，每年还特邀一定数量的企业专家参与评选。

2. 微软"创新杯"全球学生科技大赛

微软"创新杯"全球学生科技大赛始创于 2003 年，旨在鼓励青年学生发挥想象力和创新能力，投身科技创新，目前已成为世界上规模最大的学生科技竞赛，得到了联合国教科文组织的支持。2010 年"创新杯"全球学生科技大赛吸引了来自全球 100 多个国家和地区的 50 余万名学生参与。"创新杯"全球学生科技大赛为全球青年学生提供了一个激发技术创新潜力和利用科技创新解决社会面临的实际难题的平台，向学生展示了科技为真实世界所带来的各种机会，使来自世界各地的学生能够沟通和交流他们的科技创新体验。

教育部主办的中国大学生科技竞赛项目见表 2-1。

表 2-1 教育部主办的中国大学生科技竞赛项目

序号	竞赛名称	举办情况
1	全国大学生机械创新设计大赛	两年一届双年号
2	全国大学生工程训练综合技能竞赛	每年一届
3	全国大学生广告艺术大赛	两年一届单年号

序号	竞赛名称	举办情况
4	全国大学生数学建模竞赛	每年一届
5	全国大学生电子设计竞赛	两年一届单年号
6	全国大学生智能汽车竞赛	每年一届
7	中国 MEMS 传感器应用大赛	每年一届
8	全国大学生节能减排社会实践与科技竞赛	每年一届
9	全国高校学生 DV 作品大赛	每年一届
10	全国大学生结构设计竞赛	每年一届
11	全国大学生化学实验竞赛	两年一届双年号
12	全国大学生软件创新大赛	每年一届
13	全国大学生工程训练综合能力竞赛	两年一届单年号
14	全国大学生电子商务创新创意及创业挑战赛	两年一届双年号
15	全国大学生交通科技大赛	每年一届
16	全国大学生控制仿真挑战赛	每年一届
17	全国大学生物理实验竞赛	每年一届
18	全国大学生可持续建筑设计竞赛	每年一届
19	全国大学生物流设计大赛	两年一届双年号
20	全国高职高专实用英语口语大赛	每年一届
21	全国信息技术应用水平大赛	每年一届

第三节　大学生科技创业实践教育平台

2015 年，李克强总理在《政府工作报告》中提出了"互联网＋"这个新概念，国内互联网行业呈现出前所未有的发展态势，与各产业、各行业的结合达到高潮。"互联网＋"的到来给了我们每一位怀揣梦想的人一个创业的良机，勇于行动的有志之士们，何不抓住时代的机遇，去赶一次"大众创业、万众创新"的潮流？

如果说提升产业素质是前期准备的话，那么，进行创业实践训练就是一个实习、实战的阶段，这个阶段更适合那些有志于将来创业的学生。

一、交流平台

交流平台的搭建为大学生提供了很好的沟通机会。常见的交流平台主要有开设创业讲座、举办创业沙龙等。以广州城市职业学院为例，学校依托就业与创业指导中心，通过开展创业论坛、创业交流等活动，以邀请企业家和专家来校开展创业对话等方式，向在校学生传授创业经验，内容主要涉及创业经历、创业感悟、经验教训等，还给学生提供与嘉宾互动提问的机会。学院举办了"阳光就业·事业扬帆"就业创业指导进校园系列讲座，围绕着"如何选择适合自己的职业""大学生最新就业创业政策解读""创业之路""大学生创业如何进行创业融资"等专题，学院开设了一系列讲座。此外，学院还举办了 SYB 大学生创业培训和"校园企业家"培训以及"中国梦·青春梦·创业梦"的主题教育活动，并邀请地方工商、税务、银行工作人员到学院，传授给学生企业登记、税务申报、银行借贷等方面的知识，帮助学生了解申办企业的流程。

案例

广州城市职业学院举办就业创业指导进校园活动

2015 年 4 月 9 日，"电子商务创业如何开展"培训讲座在广州城市职业学院举行。SYB 创业讲师、中山大学电子商务中心讲师、广州市大学生网络创业服务中心副主任严丽英，在数据分析、技术层面及市场调研的基础上，讲述了在电商创业过程中常见的问题及解决办法，并分享了自己的工作经验和心得。用实际案例分析了电商创业的技巧和方法，告诫同学们电商创业要刻苦耐劳，从最基础的工作做起，不浮躁，不好高骛远；同时，从事电商创业要熟悉市场行情，及时做好资料收集、数据分析等工作。她还鼓励同学们积极参加各类创新创业培训，并确立目标，坚持不懈。

同学们围绕着淘宝运营技巧、创业过程如何提高营业额、防止诈骗等内容，与严老师互动提问，严老师一一解答了同学们提出的问题和疑惑。她建议，想从事淘宝等电商创业，最好组建一个团队，有专门人员负责店铺的运营推广、客服、财务、仓储物流等一系列流程。她鼓励同学们作为一个有憧憬和热情的大学生，应该抓住每一个机会，激情创业，理性起航，追求梦想，放飞希望。

二、竞赛平台

为了贯彻落实党的十八届三中全会提出的政府鼓励创业、社会支持创业，激励高校毕业生自主创业，促进创业带动就业和国务院办公厅《关于做好 2014 年全国普通高等学校毕业生就业创业工作的通知》（国办发〔2014〕22 号）以及国家、省、市近年来有关扶持推进创业的一系列文件精神，进一步鼓励大学生自主创业，激发广大学生自主创业的内在动力，以创业带动就业，根据广东省高等学校毕业生就业促进会《关于举办"加博汇杯"广东省大学生电商创业大赛的通知》的要求，广州城市职业学院设立了"加博汇杯"广东省大学生电商创业大赛广州城市职业学院赛区选拔赛。学院以系为单位组织参赛团队，并通过省赛专用平台——加盈掌柜移动电商平台开展"零门槛、零成本、零库存"的电商创业实践。

"创业中国　赢在广州"大学生创业大赛由广州市人力资源和社会保障局主办，南方人才市场、广州市高校毕业生就业指导中心、广州市职业技能培训中心等单位承办，大赛于2014年正式启动，面向全省高校。获奖团队将获得创业扶持资金。

以"'互联网＋'成就梦想，创新创业开辟未来"为主题的中国"互联网＋"大学生创新创业大赛，旨在培养大学生的创新精神、创业意识、创新创业能力，激发大学生的创造力，以创新引领创业，以创业带动就业，推动高校毕业生更高质量地就业。

三、实习平台

参与创业训练是有志于未来创业的学生的一次练兵机会。一方面，学生可以直接与经营规范、效益良好的企业沟通联系，以训练的形式了解企业运作模式与成长过程，参与基地实际生产经营管理活动，借此培养创业能力。另一方面，高校也可以将增强学生的市场意识、提高经营能力作为目标，建设良好的训练平台。

小资料

为了进一步提升高职大学生的创业意识和创业能力，提升大学生创业的综合素质，广州城市职业学院探索大学生技能培养的目标、内涵和任务，通过开展校企合作，实施实践教学基地合作共建工程，共建实训基地、共育人才。例如，学院旅游系充分利用和发挥旅游系实训基地（凤凰咖啡厅）的最大功能，特建立广州城市职业学院旅游系大学生创业孵化基地——凤凰西餐厅和咖啡厅，并以大学生创业孵化基地的管理模式，促进凤凰西餐厅和咖啡厅的实习实训使用和生产运营。孵化基地以扶持旅游系大学生自主创业为核心目标，以公益性、示范性、专业性为主要特征，为在校学生和毕业两年之内的学生提供创业服务。

四、创业实践训练

在条件许可的情况下，在校学生可以直接进行创业训练，开办自己的公司。考虑到创业必然占用一定的时间和精力，对于学业会有比较大的影响，另外，大学生社会阅历少，经验不足，容易导致创业失败，所以，并不提倡每一位大学生都要在学习期间就开创自己的公司。这需要综合考虑创业时机、个人能力、学业状况等因素后再做出是否创业的决定。

设立企业从事经营活动，必须到工商行政管理部门办理登记手续，领取营业执照，如果从事特定行业的经营活动，还必须事先取得相关主管部门的批准文件。目前，国家对此有优惠的政策支持。部分高校也可以为创业学生提供一些相应的场地、资金支持。创业是一个系统工程，它要求创业者在创业定位、战略策划、产权关系、市场营销、生产组织、团队组建、财务体系等一系列领域有一定的知识积累，大学生有了好的项目或想法，只是代表在创业的长征路上刚跨出了第一步。

案例

为响应国家"大众创业、万众创新"的号召，广州城市职业学院艺术设计系创建了"艺术专业工作室及艺术生创业教育基地"，建立了260平方米的创新创业训练场地，用于支持学生创新创业活动。学生自发组建了多个创业训练团队工作室，开展面向社会的各种业务。工作室的建立，可以帮助学生学以致用，全面带动了学生自主学习的能动性。

2015年1月，艺术设计系学生成立了"艺术设计创业协会"和"艺术设计技术应用服务中心"。艺术设计创业协会通过创业技能培训等活动，逐渐提高学生的创业素质和创业技能，增强学生的创业意识和竞争意识，提高学生适应社会的能力。艺术设计技术应用服务中心是在艺术专业工作室及艺术生创业教育基地建设和运作的基础上，更加系统化地面向企业及个人提供专业艺术设计服务。中心依托艺术设计系软硬件设施资源，以为社会提供专业艺术设计服务为突破口，推动实践教学、校企合作及创新创业教育一体化发展。

芳菲玖零花艺工作室主要由广州城市职业学院园艺技术专业的5位有梦想、有追求、有行动的在校"90后"学生创立，她们以积极服务作为工作室的经营理念，为各高校和社区提供优质的花艺设计和植物养护管理的专业服务。工作室的主要业务是商业礼仪用花和家庭景观设计与养护。其中商业礼仪用花包括礼仪花束、花篮，礼品盆栽，会议场所插花。家庭景观设计与养护包括家庭室内、阳台盆栽设计和租摆。

该工作室通过培育和销售水仙、蝴蝶兰、墨兰等年花，在广州城市职业学院、南华工商学院、华南农业大学和广东工业大学等高校制作销售毕业花束和精品盆栽，提供学校各项礼仪花束和插花，教师家庭盆栽设计和养护，插花作品赠送社区并分享插花艺术知识等服务。工作室把传统的经营模式与网上销售的模式结合起来，实现"1+1>2"（实体销售+网络销售）的经营模式，实体销售的局限性在网络上得到延伸，网络销售的渠道在实体上得到了支持和保障。由于经营的成绩斐然，获得团市委1万元的创业基金扶助。

小资料

大学生创新创业训练计划项目

根据教育部相关文件精神，教育部在全国高校实施国家级大学生创新创业训练计划。

计划目标：通过实施国家级大学生创新创业训练计划，促进高等学校转变教育思想观念，改革人才培养模式，强化创新创业能力训练，增强高校学生的创新能力和在创新基础上的创业能力，培养适应创新型国家建设需要的高水平创新人才。

计划内容：国家级大学生创新创业训练计划的内容包括创新训练项目、创业训练项目和创业实践项目三类。

创新训练项目是学生个人或团队在导师指导下，自主完成创新性研究项目设计、研究条件准备和项目实施、研究报告撰写、成果（学术）交流等工作。

创业训练项目是学生团队在导师指导下，团队中每个学生在项目实施过程中扮演一个或多个具体的角色，完成编制商业计划书、开展可行性研究、模拟企业运行、参加企业实践、撰写创业报告等工作。

创业实践项目是学生团队在学校导师和企业导师共同指导下，采用前期创新训练项目（或创新性实验）的成果，提出一项具有市场前景的创新性产品或者服务，以此为基础开展创业实践活动。

经费支持：国家级大学生创新创业训练计划面向中央部委所属高校和地方所属高校。中央部委所属高校直接参加，地方所属高校由地方教育行政部门推荐参加。国家级大学生创新创业训练计划由中央财政、地方财政共同支持，参与高校按照不低于1∶1的比例，自筹经费配套。中央部委所属高校参与国家级大学生创新创业训练计划，由中央财政按照平均一个项目1万元的资助数额，予以经费支持。地方所属高校参加国家级大学生创新创业训练计划，由地方财政参照中央财政经费支持标准予以支持。各高校可根据申报项目的具体情况适当增减单个项目资助经费。对中央部委所属高校创业实践项目，每个项目经费不少于10万元，其中，中央财政经费应资助5万元左右。

组织实施：各高校制定本校大学生创新创业训练计划学生项目的管理办法，规范项目申请、项目实施、项目变更、项目结题等事项的管理，建立质量监控机制，对项目申报、实施过程中弄虚作假、工作无明显进展的学生要及时终止其项目运行。

各高校在公平、公开、公正的原则下，自行组织学生项目评审，报教育部备案并对外公布。项目结束后，由学校组织项目验收，并将验收结果报教育部。验收结果中，必需材料为各项目的总结报告，补充材料为论文、设计、专利以及相关支撑材料。教育部将在指定网站公布项目的总结报告。

国家级大学生创新创业训练计划项目面向学生申报，原则上要求项目负责人在毕业前完成项目。创业实践项目负责人毕业后可根据情况更换负责人，或是在能继续履行项目负责人职责的情况下，以大学生自主创业者的身份继续担任项目负责人。创业实践项目结束时，要按照有关法律法规和政策妥善处理各项事务。

高校根据本校实际情况，适当安排创新训练项目和创业训练项目的比例，并逐步覆盖本校的各个学科门类。

中央财政支持国家级大学生创新创业训练计划的资金，按照财政部、教育部《"十二五"期间"高等学校本科教学质量和教学改革工程"专项资金管理办法》进行管理。高校参照制定相应的专项资金管理办法，负责创新创业训练计划项目经费使用的管理。项目经费由承担项目的学生使用，教师不得使用学生项目经费，学校不得截留和挪用，不得提取管理费。（资料来源：教育部关于做好"本科教学工程"国家级大学生创新创业训练计划实施工作的通知 . http：//news. xinhua-net. com/edu/2012-03/12/c _ 122823222. htm）

小资料

中国"互联网+"大学生创新创业大赛资助办法

中国"互联网+"大学生创新创业大赛为大学生创新创业项目与投资机构对接搭建了平台，一批大学生创业项目获得了投资人的青睐，得到了投资机构的资金支持。为了更好地支持其他获奖项目，全国大学生创业基金将为项目提供资金支持。

全国大学生创业基金（以下简称"基金"）是全国高等学校学生信息咨询与就业指导中心发起倡议，相关企业及社会机构出资设立的无偿公益性基金。基金旨在为优秀大学生创新创业项目提供资金支持及后续接力服务，帮助大学生创新创业项目顺利实施并取得长远发展。基金资助对象为首届中国"互联网＋"大学生创新创业大赛中获得金奖和银奖的项目。根据基金管理办法和项目实际情况，由获奖项目负责人自愿申请，通过双向选择，基金将以股权或债权的方式，为项目提供不超过30万元的资金支持。

资助方式包括以下两种：一是股权资助，是指基金管理公司出资与创业者等共同设立创业企业或对已成立的创业企业增资并在资助期内不享受投资收益的资助方式。股权资助的资助期限不超过三年。申请人在接受股权资助前须签署股权资助协议及基金管理公司要求的其他相关文件。二是债权资助，是指基金管理公司自行或委托银行向创业者发放小额贷款以资助创业项目的资助方式。债权资助的资助期限原则上不超过两年，视创业项目具体情况而定，最长资助期限不超过三年。

申请人在接受债权资助资金前应当取得创业企业法人营业执照，在受托银行开设申请人个人借记卡及创业企业基本账户或一般账户。申请人、担保人、创业企业应当签署债权资助协议及基金管理公司和受托银行要求的其他文件并办理相关手续。在债权资助中，创业企业要遵守基金管理公司的相关规定。债权资助遵循"尽职免责"的原则。创业者不得同时接受股权资助和债权资助。（资料来源：cy. ncss. org. cn/2015）

小资料

中国"互联网＋"大学生创新创业大赛

2015年10月20日，首届中国"互联网＋"大学生创新创业大赛总决赛经过四轮的激烈角逐，产生了冠亚季军。北京航空航天大学Unicorn无人直升机系统和浙江大学智能视力辅具及智能可穿戴近视防控设备并列摘得桂冠，华南理工大学广州优蜜移动科技股份有限公司获得亚军，西安电子科技大学Visbody人体三维扫描仪获得季军。

无人直升机和智能视力辅具项目一路过关斩将，摘得首届中国"互联网＋"大学生创新创业大赛总决赛冠军。Unicorn无人直升机的流线型机身，可以减少飞行阻力，提高抗风性，以其噪声低、易维护、可低温启动、可在风雪雨中飞行等特点，从参赛伊始就受到评委的关注，风投企业纷纷抛出合作意向的绣球。智能视力辅具及智能可穿戴近视防控设备名叫"云夹"，主要是针对学龄儿童矫正视力，是目前全球首款近视防控可穿戴智能护眼设备，项目以较高的性价比在国际市场上占有一席之地。（资料来源：http：//news. 163. com/15/1021/08/javascript）

延伸阅读

首届中国"互联网＋"大学生创新创业大赛的主题是"'互联网＋'成就梦想　创新创业开辟未来"，旨在深化高等教育综合改革，激发大学生的创造力，培养造就"大众创业、万众创新"的生力军；推动赛事成果转化，促进"互联网＋"新业态形成，主动服务经济提质增效升级；以创新引领创业，以创业带动就业，推动高校毕业生更高质量地就业。

大赛Logo包含字母e、"创"字、＋号、人物、朝阳、大海等元素。字母e是互联网的特征符号之一，隐约其中的＋号体现互联网＋的主题；朝阳、大海构成一个飞跃的"弄潮儿"，标志蓝色部分变幻成"创"字，体现大学生创新创业大赛的内涵。首届大赛的吉祥物是以长白山"东北虎"为设计元素，体现大赛承办地域的特色；"乳虎啸谷，百兽震惶"象征大学生的青春、朝气和"虎虎生威"的创新创业精神。大赛会歌为《点燃梦想》。（资料来源：首届"互联网＋"大学生创新创业大赛将举行. 中国教育在线，2015－06－17）

小资料

"创业工作室"以专业为依托，是学生创业实践的基础平台。在实践过程中，创业工作室见效快、风险小、运作灵活，与学生专业结合得相对紧密，学生可以发挥专业知识优势，例如传媒艺术专业的影视动画设计工作室、环境艺术设计工作室，建筑工程专业的建筑图形设计工作室，财经管理专业的市场营销实训室等。

"创业孵化基地"是指可为创业者提供管理经营所需场地，以及免费提供创业指导、融资服务、管理咨询、人才培训、技术创新、事务代理、法律援助等各项服务的实体。创业孵化基地可获得一定的孵化补贴、职业培训补贴、一次性项目奖励。进入基地的孵化企业可享受个人小额担保贴息贷款、小企业贴息贷款、减免相关税费、社会保险补贴、一定额度的租金补贴。

"就业创业孵化基地"是指为求职者提供实践机会，增强职业技能的实践训练场所。校企联合所创建的大学生就业创业孵化基地所适用的主体主要是在校大学生，并且初期主要是针对大学生的就业，创业为辅助项目，通过就业带动创业、就业创业联动，最终实现创业促进就业。

单元小结

本单元通过大学生科技活动平台、大学生科技创新实践教育平台和大学生科技创业实践教育平台的介绍，系统展现了全覆盖、分层次、有体系的大学生科技创新创业实践平台。开展各类科技创新创业实践活动对于打造良好的创新创业教育环境，优化创新创业的制度和服务环境，营造鼓励创新创业的校园文化环境有着重要意义。它是高校服务于创新型国家建设的重大战略举措；是深化高等教育教学改革，推动产学研用结合，落实以创业带动就业，促进高校毕业生充分就业的重要措施；是增强大学生的创业意识、创新精神和创造能力，厚植大众创业、万众创新的土壤，为建设创新型国家提供源源不断人才的重要支撑。

单元练习

一、案例分析

面临严峻的就业形势，踌躇满志的大学生们开始追求自己的梦想，勇敢地选择了创业的道路。他们大刀阔斧，披荆斩棘，他们扬帆起航，独占鳌头，创造了一个又一个奇迹。试从以下案例中揭示创业成功的奥秘，并汲取他们失败的教训。

创业案例 1　在校大学生创业实践：校园内小试牛刀，创业尝试屡建奇功。

小李，现就读于某财经大学。由于对电脑组装很感兴趣，他早在高中时就开始了暑假打工。高二那年一个很偶然的机会，他和另一个同学靠家人在市政府的关系，取得了政府采购电脑的招标项目。之后又做了两次，因为针对的是行业用户，销售利润大，风险小，因此在信息行业他掘到了自己创业的第一桶金。大学期间，他曾与同学合作开创学校第一个计算机联盟的社团，通过拉赞助，赚到了一万多元。他曾与校外培训公司联合招收微软认证培训班学员，净赚两万元。他还在网上收集信息，查找商机，充当中介，几次下来净赚三万元。如果说这些尝试只是小打小闹，那他和同学合伙开办的"避风塘"加盟店的成功经营才显出了他们创业的激情和实干的精神。他们选择在交通便利的十字路口开店，生意非常火爆。但是，好景不长。"避风塘"的周围又前前后后开了三家其他品牌的热饮店，竞争异常激烈，于是他们在大三暑假期间把加盟店转手了。两年内共盈利近 20 万元，小李自己分到了一半。

创业案例2 毕业后"先就业，再创业"，自己当上小老板。

毕业于某航院工业管理学院电气控制专业的小张，毕业后并没有从事自己的所学专业，而是在自己喜欢的商界打拼起来。结束了三年的打工生涯后，他与姐夫创办了一航科技有限公司，主要从事新型环保声学材料及其他新型材料的开发和应用，注册资金100万元。

经验一：多种渠道找寻好项目。小张并非一开始就从事隔音板这个项目，而是经过了大量的考察和尝试后才最终选定的，刚开始创业，也只能摸着石头过河。他通过在网上查找、参加展销会、实地考察等方法搜集信息，又对产品的市场现状、需求量、利润空间、竞争状况及发展前景进行考察，通过认真比较、筛选，最后他选择了新型环保的吸音板、隔音板等声学产品。

经验二：辛勤工作练就硬本领。小张曾经干过三年的销售代表，其间也跳过槽。但是，他总是勤恳踏实、务实执着、兢兢业业地投入销售推广工作。他也曾经开展过"地毯式"的访问，踏遍了城市大大小小的写字楼，因为有着一种追求卓越的精神，就没有计较太多个人得失，遥遥领先的销售业绩证明了他辛勤劳动的价值。

经验三：君子，善假于物也。小张的成功得益于他善于运用外力为自己的创业排除种种障碍。首先是资金。开创公司之际，他只有10万元，但是凭着四两拨千斤的作用，注册了一个100万元的公司。其次是技术和管理。他与一位高校研究人员合作，共同开发新产品；也很虚心地就企业遇到的种种困惑寻求企业管理方面的专家的指点。第三是工厂。经过考察，他租用某市一家加工企业的厂房、设备进行生产加工，比他考察过的南方的一些厂家还要好。最后是渠道。他借助于装修公司的力量顺利地推销自己的产品，同时建立了公司的网站，利用互联网进行产品推广。

二、实战训练

根据所学专业撰写一份"大学生创新创业训练计划"项目申报书。申报书撰写过程中需要注意以下几个问题。

1. 做好充分调研。充分调研可以避免低水平的重复，申报前必须做好文献资料查阅和调研工作，及时了解和分析国内外该研究领域的技术现状、动态趋势及存在的问题，根据自己的优势确定主攻方向和目标，要尽可能地把申报项目的意义、特点、重点、难点和创新点充分表达出来，要特别指出目前需要解决的问题及其没有解决的原因，提出解决问题的办法及要达到的目的等。

2. 在"新"字上下功夫。项目申报要突出申报内容的新颖性，通过检索了解项目是否有人做过，努力查找原始文献，弄清其研究思路、课题设计、研究方法、技术手段、实验方法等，另辟蹊径，力求出新。

3. 设计要周密。项目研究方法的设计牵涉到申请的经费和时间进度能否合理匹配，要用最科学、最简便清晰的思路设计科研步骤，以最佳的组合、最少的成本、最短的时间，得到最理想的科研效果。

4. 注重过程化。阶段性成果是完成最终成果不可缺少的过程。

5. 发挥学生团队和导师的作用。构建一个多学科交叉的、年级和专业搭配合理的学生研究团队，申报项目需要得到导师的指导。

6. 预期研究成果的显性化。预期研究成果，包括理论和应用成果。

大学生创新创业训练项目申报表参见表2-2。

表2-2　大学生创新创业训练项目申报表

项目名称			项目类别	1. 创业训练项目 2. 创业实践项目		
项目负责人	姓名	性别	出生年月	专业班级		联系电话
指导老师	姓名	性别	出生年月	职称	职务	研究专长
学生团队	姓名	性别	专业班级			
项目可行性方案	(包括项目实施的目的与意义、实施内容、方法、目标、创新点、预期成果，可加页)					
实施进度						
项目团队人员分工						
经费预算及分配						
项目负责人意见			（签名）　　　年　　　月　　　日			
教学单位意见			（盖章）　　　年　　　月　　　日			
学校管理部门意见			（盖章）　　　年　　　月　　　日			

第三单元

把握创新创业机会

学习目标

▷ 知识目标

● 了解创新创业环境状况。

● 掌握创新创业项目调研与选择方法，掌握创业融资方法与注意事项。

● 掌握创业团队组建的原则和方法。

▷ 能力目标

● 熟悉本地区创新创业环境。

● 能初步形成组建自己的创新创业团队的思路并实践。

第一节　分析创新创业环境

—— 引 例 ——

2004年，陈晓燕从纺织专业毕业，到台资纺织服装出口贸易企业打工。她偶然发现离市区约20公里的大学城服装店较少，没内衣店。她随后搜索了解到大学城内有20多所大学和中学，学生数约12万，教职员工3万多人，今后还将增加；旁边还有企业员工近10万人。她认为这个市场巨大，自己又熟悉纺织服装，于是酝酿在此开一家内衣店。

2005年，她选定刚刚起步、质量不错、以出口为主的内衣品牌加盟。为省费用，店址选在东区某一学院的生活区，离市区较远，商业气氛不太浓厚，但租金便宜。考虑到新生和学院开学等因素，她选在 9 月 1 日开业。服装店广告提前散发到各临近学院，开业一个月内满 200 元赠 100 元券，实付满 300 元另赠 VIP 卡，凭 VIP 卡购内衣可打 8 折。

开业前几天，光顾内衣店的师生很少。但她很快找到了原因：一是优惠让利幅度没商场大，二是内衣需求量更大的新生还没到校，三是 9 月天气还热，师生们都穿夏装而需求量没释放出来。她耐心等待并积极到各大学新生报到处继续散发广告单，优惠让利幅度更大，从 9 月 15 日到国庆节止，满 200 元减 100 元，其他优惠措施照旧。但遗憾的是直到国庆节，内衣销售额还没多少。国庆节因师生放假、内衣店停业。10 月 8 日开门重新营业，天气渐冷到该穿内衣的季节，但顾客还是寥寥无几，师生经常散步进来看看，但买内衣的还是很少。

陈晓燕很迷茫，她哪里做错了？

思考与讨论：

1. 陈晓燕在创业时缺少哪些环节？

2. 陈晓燕作为一个创业者在创业过程中应该怎么做？

一、创新创业环境分析

1. 创新创业环境的内涵

创新创业环境是指创新创业者在进行创新创业活动和实现其创新创业理想过程中必须面对的范围和领域。它是对创业者创业思想的形成和创业活动的开展能够产生影响和发生作用的各种因素和条件的总和。

创新创业环境包含以下三个方面。

一是创业环境是创业活动的领域。所有的创业活动都是具体的、现实的，都要有一个明确的方向和目标。在哪个行业里创业，创什么样的业，都要从实际出发，受环境的支配，不能随心所欲。创业环境在很大程度上规定了创业的性质和活动范围。

二是创业环境是创业者面临的处境。环境在本质上是一个动态系统，具有较大的不确定性。创业环境始终处于不断的发展变化过程中，使创业者不断面临新的情况，解决新的问题，这就决定了创业是一项变革和创新的活动。

三是创业环境是创业活动的基本条件。创业环境对创业活动的决定性作用在于它能为人们的创业活动提供各种精神的或物质的条件，能从各个方面影响着创业活动的进程，决定着创业活动的成败。

2. 创新创业环境的分类

创新创业环境可以分为企业的外部环境和内部环境，也可以分为宏观环境和微观环境。

宏观环境是指影响创新创业的一切宏观因素，特别是政府关于创新创业的行政政策环境、经济环境、法律环境。微观环境是指大学生在创新创业过程中所直接面临的消费、价格、成本、竞争等市场环境，以及各社区环境因素等。

创新创业环境的变化能给创新创业者带来机遇，也能造成威胁。大学生必须清楚宏观的、微观的、行业的等各种环境因素及其发展趋势，以及对具体行业、企业的影响是限制性的还是促进性的，只有这样，才能抓住机遇，避免严重威胁，成功创新创业。

3. 创新创业宏观环境分析

（1）政府政策扶持。国家鼓励支持大学生创新创业，出台了一些专项资金扶持和贴息贷款政策。通过这种途径，可以在短期内扶持大学生创新创业。政府为大学生自主创新创业提供各方面的保障，主要在经济、行政以及法律方面。如：简化不必要的程序；免费为大学生提供项目风险评估和指导；税收减免优惠政策；大学生创办的企业被认定为青年就业见习基地的，就可享受有关补贴等。政府还提供大量项目支持，既包括提供资金和具体项目，也包括提供服务支持。

（2）金融支持。创新创业者需要金融支持，目前创业的金融支持最主要的来源是私人权益资本、自由资本、亲戚朋友投资或其他的私人股权投资。

小资料

为鼓励高校毕业生自主创新创业，以创新创业带动就业，财政部、国家税务总局发出《关于支持和促进就业有关税收政策的通知》，毕业生从毕业年度起三年内自主创业可享受税收减免的优惠政策。其中，高校毕业生在校期间创业的，可向所在高校申领《高校毕业生自主创业证》；离校后创业的，可凭毕业证书直接向创业地县以上人社部门申请核发《就业失业登记证》，作为享受政策的凭证。

（3）创业教育培训。政府部门通过教育机构给大学生提供创新创业教育培训机会。培训内容包括申请贷款程序，创业者应具备的心理素质，基本的金融知识等。学校加强创业教育，通过创业实践或比赛等多种形式，培养大学生的创新创业能力。同时向大学生适度开放校内市场，搭建服务平台，以利于大学生创新创业。

广州城市职业学院学生就业指导处、团委、图书馆以及信息技术系、艺术设计系等各系部，已经多次举办各种创新创业培训和讲座，提升或者培养大学生们的创新创业意识；同时，各系部实训基地给大学生提供了自主创业的平台，指导和鼓励大学生成立了各种创新创业社团，如信息技术系的"创之梦创新创业训练营"、艺术设计系的"艺术创业与就业协会"等，为大学生搭建了各种自主创新创业的实践锻炼平台，让大学生可以自己去经营、去管理。

（4）研发成果转化。研发成果的转化过程是否顺利，不仅表明我国市场化的程度，而且也显示出创新研发和研发后转化为生产力的效率和水平，更反映出创业者是否能够抓住合适的商业机会。

（5）创业切入机遇。目前，中国大市场正处于市场增长率高、市场变化率高的阶段，创业者开展创新创业的进入成本也相对较低，这对于创业企业来说，是难得的机遇。

大学生创新创业存在一定的风险，大学生创新创业失败，政府通过相关审查后，可以免除其所贷资金的利息，并相应放长其还贷期限，以分担大学生的创新创业风险。而对于希望重新创业并提交可行计划者，仍可在其未还清所欠贷款的情况下，再次提供其无担保贷款，以此营造鼓励创新创业的社会环境。大学生毕竟很年轻，创新创业失败，会在心理上形成一定的压力，社会和家人应当理解和包容他们。

4. 创新创业微观环境分析

关于大学生创新创业的微观环境，可以从创新创业流程上进行分析，具体过程分析如下。

（1）制订创业计划书。比如，要在市区开一个卖牛仔裤的店，开店之前就必须先要制订一份详细的计划书。制订营销计划时要将各个环节相互联系构成一个完整的内部环境，各个环节的分工是否科学，协作是否和谐，目标是否一致，都会影响营销决策和营销方案的实施。

（2）分析顾客。顾客群的不同直接影响企业产品价格的定位，所以，市场人流量是在创业前最看重的一点。比如，服装客户人群非常广泛，不论男女，60 岁以下的人群和青年都适合，目标是让每一个进来的顾客都可以找到自己喜欢的牛仔裤。

（3）分析竞争者。选择创业行业一定要慎重，针对自己所选择的行业以及自己准备经营的产品和店址，结合周围的环境，关注行业内的竞争程度及其变化程度，关注行业所处的生命周期；对经营同类产品（或可替代产品）的竞争对手进行分析，分析自己在市场竞争中的优势和劣势，做出正确的经营策略选择。

（4）选择店址。创业企业需要认真分析如何选择店址，不同地区对不同企业、行业和产业都有不同的支持力度，离商圈的远近、店面大小、人流量多少、经济收入水平……店址选择是否合适将影响到开店效益。大多数学生选店址会选一些比较熟悉的环境，如将店址选在大学附近，或者是交通比较便利的地区。

（5）选货以及进货。选货要掌握当地市场行情：出现哪些新品种，销售趋势如何，存量多少，价格涨势如何，购买力状况如何？进货时，首先到市场上转一转、看一看、比一比、问一问、算一算、想一想，以后再着手落实进货。少进试销，然后再适量进货。因为是新店开张，提供的商品款式一定要多，给顾客的选择余地要大。

（6）供应商选择。供应商是指为创业企业及其竞争者提供生产经营所需资源的企业或个人，包括提供原材料、设备、能源、劳务和其他用品等。因为大学生的资金比较匮乏，没有很大的进货量，所以供应商的选择应当适合自己的店面大小。

（7）产品价格定位。大学生创业，一开始没有经验也没有固定的顾客，建议大学生创业所经营的产品要有创新性、要能吸引顾客，产品的定价如果稍微降低，将比别人获得更大的竞争力。

二、创业环境分析方法

1. PEST 分析方法

PEST 分析是对宏观环境进行分析，针对不同行业和企业，根据自身特点和经营需要，分析的具体内容会有差异，但一般都应对政治（Political）、经济（Economic）、社会（Social）和技术（Technological）这四大类影响企业的主要外部环境因素进行分析，因此称为 PEST 分析法，如图 3-1 所示。

2. SWOT 分析方法

SWOT 分析是将企业内部条件的优势（Strength）与劣势（Weakness），外部环境的机会（Opportunity）与威胁（Threat）分为纵横两个部分，加以对照分析，既可以

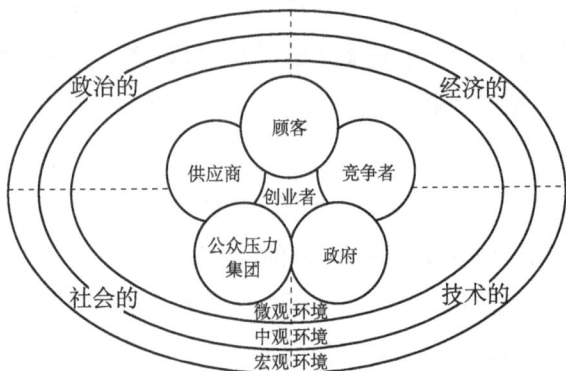

图 3-1 PEST 分析法

一目了然，又可以从内外环境条件的相互联系中做出更深入的分析评价。

（1）优势（Strength）。大学生创新创业的优势包括：①接受新鲜事物快，甚至是潮流的引领者。②思维普遍活跃，不管敢不敢干，至少是敢想。③自信心较足，对认准的事情有激情去做。④年纪轻，精力旺盛，故有"年轻是最大的资本"之说。

（2）劣势（Weakness）。大学生创新创业的劣势包括：①缺乏社会经验和职业经历，尤其缺乏人际关系和商业网络。②缺乏真正有商业前景的创业项目，许多创业点子经不起市场的考验。③缺乏商业信用，在校大学生信用档案与社会没有接轨，导致融资借贷困难重重。④心理承受能力差，遇到挫折轻易放弃。⑤整个社会文化和商业交往中往往不信任青年人，俗语说的"嘴上没毛，办事不牢"，很不利于年轻人的创业。

（3）机遇（Opportunity）。随着国家政府、社会、学校和家庭都更加支持大学生创新创业，大学生的创新创业环境在逐渐改善。①现在国家政策鼓励大学生创新创业，政府不断出台了各种新的创新创业扶持政策。②学校也注重培养大学生的创新创业技能，举办或组织大学生参加各级各种创新创业大赛、创新创业培训、创新创业社团、创新创业孵化基地等。③社会也开始逐步承认大学生创新创业，并且提供了很多新的创新创业场地或创新创业孵化基地。④家庭也开始给予大学生一些创新创业的资金支持。

（4）威胁（Threat）。大学生创新创业的主要威胁包括：①人才竞争越来越激烈，大学生毕业走上社会的压力也越来越大。②大学生虽然自己创业，但是市场竞争很激烈，资金压力也很大。③大学生想得到家长和社会的更多认可，也不容易。④大学生一开始的创业虽然解决了就业，但是自己还年轻还想让生活更加充实，想生存得更有尊严。

总的来说，现在大学生创新创业是一种趋势，虽然有很多优势和机遇，但同时也存在一定的劣势和威胁。大学生要根据自己的特点，抓住机遇发挥优势，要找出自己和团队存在的具体不足，制定相应的方案来解决威胁与困难，从而实现自己的人生目标。

案 例

沃尔玛的 SWOT 分析

优势——著名的零售品牌，以物美价廉、货物繁多和一站式购物而闻名于世。

劣势——店铺遍布全球，但太大的跨度会导致控制力的下降。

机会——与其他国际零售商合作，专注于欧洲或者大中华等特定市场。

威胁——成为所有竞争对手的追赶目标。

SWOT 分析法的优点在于考虑问题全面，是一种条理清楚、便于检验的系统思维方式。通过分析，创业者可以客观评价自身资源和市场机会的相关因素，如果自身优势与市场机会相一致，则可以实施创业活动；如果不一致，即使市场环境再好，也不应该去冒险参与。

三、创新创业环境分析的意义

创新创业环境是一个集合体，是各种因素综合的结果，正确认识和了解创新创业环境的前提是对创业环境进行合理的评价，包括从创业企业的金融支持、政府政策、政府项目支持、教育与培训、研发成果转化、商业和专业基础设施、进入壁垒、有形基础设施、文化与社会规范等 9 个方面来评价创业的环境。

随着国家各种创新创业政策的不断推陈出新，作为大学生创新创业者，必须对创新创业环境进行及时分析研究，掌握最新的创新创业政策以及动态，以利于创新创业企业的良性运作和发展。

案 例

爱冒险的企业家王石

王石喜欢冒险开始于创业的时候——1983 年，王石在深圳做玉米生意，有媒体报道说，香港有关部门从鸡饲料中发现了致癌的物质，希望民众在食用鸡肉的时候要特别小心。一直畅销的玉米成了滞销货。可是，王石并不信邪，决定继续买卖玉米！他相信："要吃鸡就要鸡饲料，要鸡饲料就得要我的玉米。"王石一口气把大连、天津、青岛等地的玉米库存都给订购了。当装载着7000吨玉米的货船还有两天就要停靠在蛇口赤湾码头时，香港的那家报纸登出一封致歉信，对错误地报道鸡饲料中存在致癌物质进行道歉。

此时，所有深圳的饲料厂只能向王石订货，为此王石足足赚了300多万元，凭着这300多万元的启动资金成立了万科。现在，很多人还在谈论王石敢于冒险，王石自己也说："想想其实也是很后怕的，如果香港的报纸没有登出致歉信，那就全军覆没。然而凭着自己的直觉和常识，这样的险还是值得冒的。"王石能够在四面楚歌的时候仍然保持冷静的头脑，坚信自己的分析，相信自己的选择。

1. 规避创业风险，提高创业成功率

创新创业有风险，大学生创新创业者要敢冒风险，并不等于轻易接受风险，也不等于无偿承受风险，更不等于无所顾忌，盲目蛮干。相反，要求大学生在战略上藐视风险，在投资战术上要千方百计地避开风险。那么，如何才能真正做到规避创业的风险呢？除了具备一定的胆识和判断能力之外，在具体谋划过程中，还应注意把握以下三方面。

（1）摸清市场行情。大学生创新创业，所选择的项目应基于对市场行情的了解，看准了才能大胆去试，不可轻举妄动，否则，就会受到惩罚，就要为之付出相应代价。

（2）选准创业项目。选择什么样的创新创业项目，并无统一尺度。在市场竞争中，只有亏损企业，而没有亏损项目。对于同样一个项目，有人经营能盈利，换另一个人经营也可能亏损。

在选择创新创业项目时，有以下几个原则需要认真把握：一是因人制宜。创业者在选择项目时一定要清醒地把握自我，做到量力而行、扬长避短，选择自己比较熟悉、比较了解且能驾驭的项目。二是因地制宜。创业者必须以市场需求为导向，全面周密地考虑决策能够实施的程度和效果，力求从总体上把握资源配置的最佳状态。三是统筹兼顾。大学生在做创新创业决策时，要考虑局部利益和全局利益，坚持眼前利益与长远利益、直接效益和间接效益、经济效益和社会效益相统一的可持续发展方针。四是坚持择优。通过对各种可行方案的论证，考虑各种有利因素和不利因素，权衡利弊得失，做到利中取大、弊中取小、好中选优，这样才能赢得市场，取得最佳的投资效果。

（3）准备好"退路"。面对可能出现的风险，决不能消极等待，而应采取积极应对态度。对可能出现的市场风险、政策风险、产品风险、交易风险、经营风险、资金风

险、技术风险等，要未雨绸缪，对每一个不确定的因素可能带来的风险进行多层次、全方位的分析研究，拟定一套乃至几套应对方案。如进行多元化经营，使不同项目、不同商品的旺季和淡季、高利和低利在时间上或数量上进行合理搭配；或进行风险组合，采取筹资、经营、贸易、结算等多元化措施，使各种风险因子在运作过程中产生一种互补效应；或进行风险转移，通过保险、联营、担保、契约等形式将风险横向转移……唯有这样，当风险真的出现时，才能够兵来将挡，水来土掩，做到应对自如，游刃有余，把各种可能出现的风险都锁定在可控的区间范围内，不致造成灾难性损失。

2. 充分利用创业支持体系

大学生创新创业离不开环境支持。我国大学生创新创业的发展历史较短，还存在诸多不利的环境因素，制约了大学生创新创业的健康发展，亟须采取措施加以改善。由于创新创业环境涉及多方面因素，因而改善创新创业环境将是一项长期、复杂的系统工程，需要政府、高校和社会等主体的共同参与和协同配合，积极构建良好的大学生创新创业环境建设体系。在全社会营造起一种创新创业型的社会文化，形成鼓励创新创业、尊重创新创业、宽容失败的良好社会文化氛围，为大学生创新创业创造宽松、和谐的环境，从而激发更多的大学生投身创新创业浪潮。

第二节　发现创新创业机会

—— 引-例 ——

史玉柱 1991 年创业成立巨人公司，1992 年创办珠海巨人高科技集团，1994 年投资保健品的第一个产品是"脑黄金"，1996 年将保健品的全部资金调往巨人大厦而迅速盛极而衰，1997 年巨人集团已名存实亡但未申请破产。

2000 年，史玉柱再度创业，开展"脑白金"业务，注册成立珠海市士安有限公司，收购巨人大厦楼花。2001 年在上海申请注册巨人公司，2006 年 7 月在开曼群岛注册一家公司，控制上海征途网络科技有限公司的 100% 股权。2007 年 11 月巨人网络集团有限公司成功登陆美国纽约证券交易所，总市值达 42 亿美元，融资额为 10.45 亿美元，成为在美国发行规模最大的中国民营企业。

1997 年对史玉柱来说是一个关键的转折点，史玉柱的理想主义导致巨人集团轰然倒地。1997 年之后，史玉柱不断寻找创业机会后重新创业。总结经验，史玉柱给自己定了这样一个纪律：宁可错过一百个机会，绝不投错一个项目。

思考与讨论：

创业要善于抓住机遇，把握住了每个稍纵即逝的创业机会，就等于成功了一半。何为创业机会？怎样发现创业机会？

一、寻找创新创业机会

1. 创新创业机会

创新创业机会就是创新创业者创新思维，发现市场需求，寻找市场机会，借助投资经营企业来满足这种需求的活动。

2. 寻找创新创业机会

识别创新创业机会是创业的关键之一，也是创业的起点。创新创业过程就是启动创新思维，围绕创业机会进行识别、开发、利用的过程。它是创新创业者应具备的重要技能。寻找创新创业机会主要有以下 3 个途径。

一是在问题中发现创新创业机会。人们总是迫切希望解决"苦恼"和"困扰"，研究不同类型顾客需求特点的差异，如果能提供解决的办法，也就是找到了创业的机会。

二是在变化中发现创新创业机会。创新创业的机会产生于不断变化的市场环境中，人们透过这些变化，发现新的前景、新的投资行业。环境变化包括政策变化、科技进步、产业结构变化、生活形态变化、消费升级、城市化、人口结构变化、全球化趋势等。

三是在各种竞争中寻找创新创业机会。机会存在于各行各业的竞争之中，如果能够弥补竞争对手的缺陷和不足，这也可能将成为创新创业机会。

3. 创新创业机会来源

一是从现有市场寻找机会。对创新创业者来说，在现有市场中发现机会是自然和经济的选择。真正的机会与我们的生活息息相关。由于市场上总有尚未全部满足的需求，这种途径能减少搜寻成本，降低创业风险，有利于成功创业。在多数情况下，现有的创业机会存在于不完全竞争下的市场空隙、规模经济下的市场空间、企业集群下的市场空缺等。

二是挖掘潜在市场，潜在机会来自于新科技应用和人们需求的多样化，成功的创业者能敏锐地感知社会大众的需求变化，并能够从中捕捉市场机会。

三是经济活动的多样化为创业拓展了新途径。比如，第三产业的发展为中小企业提供了非常多的成长点。社会需求的易变性、高级化、多样化和个性化，使产品向优质化、多品种、小批量、更新快等方面发展，也有力地刺激了中小企业的发展。

小资料

创业机会的识别

面对具有相同期望值的创业机会，并非所有潜在创业者都能把握。成功的机会识别是创业愿望、创业能力和创业环境等多因素综合作用的结果。

首先，创业愿望是机会识别的前提。创业愿望是创业的原动力，它推动创业者去发现和识别市场机会。没有创业意愿，再好的创业机会也会视而不见，或失之交臂。

其次，创业能力是机会识别的基础。识别创业机会在很大程度上取决于创业者的个人（团队）能力，国内外研究和调查显示，与创业机会识别相关的能力主要有远见与洞察能力、信息获取能力、技术发展趋势预测能力、模仿与创新能力、建立各种关系的能力等。

最后，创业环境是机会识别的关键，包括政府政策、社会经济条件、创业和管理技能、创业资金和非资金支持等方面。如果社会宽容创业失败，国家有金融支持和完善的创业服务体系，产业有公平、公正的竞争环境，就会鼓励更多的人创业。

二、创新创业机会的调研

1. 调研内容

创新创业机会的调研内容包括以下 5 个方面。

一是政策法规。了解并且熟悉相关政策法律法规，借助并且利用有利因素、规避不利因素，让创新创业过程更加顺利启动和运营起来。

二是行业情况。对所从事的行业有一个全面、充分、系统而细致的考察和评估，了解清楚行业发展趋势、成长成熟度、饱和度、相应合作商以及客户的情况等。

三是产品或服务。了解和熟悉自己的同类产品的相应情况，如产品的功能、质量、外观、色彩、特点、优势等，还要了解相应客户的服务要求。

四是对象客户。了解客户的消费需求、消费心理、消费行为、消费偏好等情况，调研社会、经济、文化等因素，以及潜在消费者的需求情况等。

五是商业模式。了解有经验的成功企业的商业模式并且学会学习借鉴，了解那些失败企业的失败原因并学会规避。

2. 调研方法

创新创业者收集市场信息的方法主要有以下两种。

一是间接调查法。间接调查法是创新创业者收集市场上已经存在的、别人调查整理的二手信息、情报、数据或资料。收集渠道包括报纸、杂志、互联网、行业协会、研究机构、政府部门、统计机构、银行、咨询机构等。

二是直接调查法。直接调查法是创新创业者直接观察或者调查有关问题或相关人员的感受，根据得到的答案或消息整理出有用的市场信息。常用的直接收集信息的方法有问卷调查法、面谈访问法、电话询问法、观察调查法、实验法等。

3. 调研步骤

创新创业者开展市场调研工作必须有计划、有步骤地进行，以防止调查的盲目性。一般来说，市场调研可以按照以下4个步骤进行。

第一步，调研准备。创新创业者必须对现有资料进行整理、分析，明确调研的目标和范围，制定出市场调研的具体实施方案。方案包括市场调研的目的、范围、内容、方法、步骤、计划的可行性、经费预算、调研时间和地点。

第二步，开展调研。创新创业者按照调研计划，选定调研方法，安排好相应的调研人员，结合调研内容可以如期实施市场调研。

第三步，分析整理资料。创新创业者必须对收集回来的第一手调研资料进行分类、分析、归纳、整理，把有关资料用适当的形式展示出来。

第四步，撰写调研报告。对调研材料、数据、资料进行综合分析整理后，撰写市场调研报告、得出结论，以供创新创业者参考借鉴。

三、创新创业项目的选择

选择创新创业项目是一个漫长的过程，创新创业时机又稍纵即逝，因此，如何选择有价值的项目是一个难题。

1. 项目类型

常见的项目类型有以下 3 种。

一是传统技能型。这类创新创业项目具有永恒的生命力。尤其是酿酒、饮料、中药、工艺美术品、服装、食品加工、修理等与人们日常生活紧密相关的行业中，独特的传统技能项目表现出了经久不衰的市场竞争力，许多现代技术都无法与之竞争。

二是高新技术型。这类创新创业项目往往知识密集度高，带有前沿性、研究开发性质。

三是知识服务型。这类创新创业项目随着现代社会信息量的越来越大、知识更新越来越快，各类知识性咨询服务的机构将会不断细化和增加。这类项目具有投资少、见效快的特点。依托互联网创业的知识服务型创业项目数不胜数。

2. 选择依据

选择创新创业项目主要考虑以下 4 个因素。

一是个人爱好、特长与创业目标相结合。一个人只有从事他喜欢且有能力做的事情，才会自觉地、全身心地投入工作中去，并忘我地工作，才有可能在遇到困难和挫折时百折不挠、勇往直前，千方百计克服困难，实现创新创业目标，这也决定了今后的发展方向和发展前景，是创新创业能否成功的一个基石。

二是复制成功的创业项目。创新创业成功有自身的奥秘，我们可以借助这些成功创业的案例，并加以改进、优化设计，进一步满足市场和客户的需求，把握住创新创业的市场脉搏。

三是借助产品找市场和项目。当自己没有项目的时候，可以采用反其道而行之的方式，找符合产品的市场。

四是承受风险的能力。创新创业过程会有太多不可控因素，一旦把资金投入进去，谁也不敢保证一定能够成功。因此，在选定创新创业项目并且投资之前，必须做好最坏的打算，并且能够承受得起这个风险。

案 例

百度复制谷歌，并依据中国市场的特性，做了适当改善，如 MP3 和贴吧等，结果百度成功了！成为中国最大的搜索引擎网站。

QQ 复制 ICQ，并依据中国网民的特性，做了适当改善，结果在中国市场 QQ 大获全胜，而 ICQ 在国内的影响力则微乎其微了。

3. 选择步骤

创新创业项目选择正确与否，往往决定了创新创业的成败，以及影响创新创业者今后的事业发展。因此，创新创业者必须慎重选择创新创业项目。选择创新创业项目的步骤如下。

第一步，对自己的人际关系、资金等资源状况进行评判。

第二步，判断自己的优势资源、能力。

第三步，根据自己的资源、能力，初选适合自己的项目。

第四步，对所选的目标项目进行市场调研，分析产品发展阶段及发展潜力。

第五步，分析自己的优势，判断对初定创业项目的掌控能力。

第六步，选择能发挥自己优势、市场空间大、能够掌控的项目。

第三节　创业融资

—— 引 例 ——

王兴是校内网、饭否网、美团网这三个网站的联合创始人，他的另一个身份是大学生创业者。尽管没有丰富的职业履历，他在大学毕业时就选择了创业。在经历 2 次不成功的创业后，2010 年，王兴上线新项目——美团网，在千团大战中脱颖而出，稳居行业前三，事业走上正轨，先后获天使投资人王江的种子投资、红杉和阿里以及泛大西洋资本等四轮融资。2015 年 1 月，美团网估值达到 70 亿美元。2015 年，大众点评网与美团网联合声明达成战略合作，成立新公司，成为中国 O2O 领域的领先平台。合并后双方人员架构保持不变，保留各自品牌和业务独立运营；公司估值超过 150 亿美元。2016 年 1 月，美团点评完成首次融资，融资额超过 33 亿美元，新公司估值超过 180 亿美元。

思考与讨论：

王兴连环创业成功有什么启示？

创业融资是指创业企业筹集资金的行为与过程，也就是创业者根据自身企业的生产经营状况、资金拥有状况、未来经营发展的需要等，通过科学的预测和决策，采用一定的方式，从一定的渠道向企业投资者或债权人去筹集资金，保证正常生产需要和经营管理活动需要。大学生创业常常遇到的一个问题是缺乏创业资金，因此，需要通过融资的方式来筹集创业资金，为创业准备资金条件。

一、创业融资的渠道和方式

创业需要创业资金的支持，创业资金包括创业前期的调研费、咨询费、公关费、注册费、办公设施费、人员招聘培训费，后期运营的技术获取费、固定资产投资运行费、许可证费和市场开拓费等。资金是企业的血液，没有资金，创业企业及创业团队都无法生存；在企业创业之初以及运营过程的每一个环节（包括每一个阶段）都需要资金支撑。但从哪些渠道筹集资金呢？

1. 创业融资的主要渠道

如果没有融资渠道，创业计划只能是一纸空谈。确定融资渠道是融资的前提，它直接影响企业融资的成功率和融资成本。在创业过程中，融资渠道单一被业界称为是第一风险，因此，创业者必须利用多种渠道来进行融资，包括自筹资金、银行贷款、民间借贷等传统渠道，也包括充分利用风险投资、天使投资、政府基金等其他多种融资渠道。

（1）自我融资——安全有效。依靠自有资金来进行创业起步，永远是创业融资渠道中最有效、最便捷、最安全和最稳妥的融资渠道。

（2）合伙融资——合资共创业。创业者可以通过两个人或多个人合伙融资，合伙融资者也是合伙创业者。

（3）民间借贷——人情变现金。民间借贷是指公民之间、公民与法人之间、公民与其他组织之间的借贷。民间借贷的利率不得超过人民银行规定的相关利率。

（4）银行贷款——借鸡生蛋。创业者可向开办此项业务的银行申请专项创业贷款。适合大学生创业者的银行贷款主要有抵押贷款和担保贷款两种形式。

（5）风险投资——取长补短。风险投资旨在促使高新技术成果尽快商品化、产业化，以取得高资本收益，是利益共享、风险共担的一种投资方式。

（6）天使投资。它是对具有巨大发展潜力的初创企业进行早期的直接投资，投资者为创业企业提供资金，并获得该企业的权益资本。

2. 创业融资的方式

根据不同的创业方式，可以采用不同的融资方式：一是对实验室的科研项目，所需资金不多，可依靠自有资金、亲朋借贷、天使投资，也可向政府寻求资助。二是创业企业需要一定数量的"门槛资金"，主要用于购买资产和后续研究等，由于没经营和信用记录，可吸引股权性的结构风险投资。三是创业企业因为产品刚刚投入市场，现金流出经常大于流入，可通过融资组合多方筹集资金。四是企业利用银行贷款或信用贷款融资。

二、创业融资的方法和技巧

1. 自我融资——用自己的钱，干自己的事

对于创业者来说，最佳的融资渠道，莫过于利用自己手中的积蓄，选择相应的投资项目。创业者自我融资创业有以下优势。

(1) 无外部压力。通过外部融资创办企业，会使初创企业背负沉重的债务负担。

(2) 无分权隐患。有外部的融资，就意味着公司的决策权可能被瓜分。

(3) 投资小，风险小。由于个人资金有限，投资小，风险也就小。而且，船小好掉头，一旦产生经营方向上的错误，可以尽快扭转方向，最大限度避免损失。

虽然自己投资创业有着以上种种优势，但创业毕竟需要一笔足够的启动资金。如果自己积累的资金不够作为创业启动资金，则可通过缩减创业规模、延长创业时间等方法来创业。

创业者也要充分考虑创业风险，创业投资的额度不应超过自己的承受能力与心理底线，若创业需要的资金超过自我融资的能力，则建议考虑其他的融资方式。

案 例

张靖自筹资金创业

张靖是一家公司的部门经理，他的创业目标是开一家鞋店。鞋店面积为25平方米，半年租金2万元，装潢、设备为3万元，首次进货及周转资金2万元，启动资金至少需要8万元。而他手中仅有4万元，又不想通过其他渠道借款。要实现创业理想的方法有以下3种。

(1) 缩减创业规模。削减投入在4万元以内，放弃租金较高的商业中心，改为周边社区相对集中的地区，半年租金1万元以内。另外，他的店面装潢简洁，尽量采用物美价廉的材料及设备，资金压缩到1万元以内，剩下的2万元则保证首次进货以及较为充足的周转资金。这种规模的鞋店投资较小，风险也小。

(2) 延长创业时间。如果创业者既希望创业规模不变，又不愿意从外界吸取投资，就得延长创业时间，自己筹备资金。为此，创业者要有一定的理财头脑，并改变自己的消费习惯。比如对日常开支加以控制，每月存下1500元，两年之后

开始自己的创业计划。

（3）多方法综合应用。将上述两种方法综合应用，即一定程度地压缩创业规模，同时适当延长创业时间，一旦资金到位，立刻开始创业。比如，将创业投资压缩到6万元，再压缩日常开支，每月存款2000元，同时将自己之前的4万元存款用来购买基金或者进行小风险的投资活动。这样，一年后，张靖的鞋店便可以正式开张了。

2. 合伙融资

合伙融资是指两个或者两个以上的公民各自提供资金、实物、技术等进行合伙经营、共同劳动的创业企业合伙形式。有些创业者为了能够利用人际关系，同他人结成合伙关系。能找到合适的合伙人，对于创业者来说，实在是一件幸事。尽管个人投资对创业有决策上的优势，但许多前景看好的项目，却需要有一定数目的启动资金，因此，两个人或者多个人合伙融资创业，是创业者解决资金问题的一种渠道。

合伙融资的优势如图3-2所示。

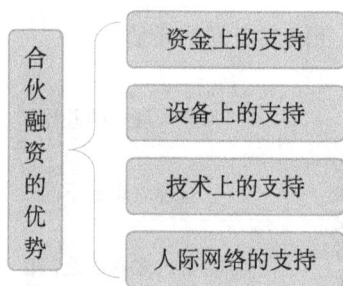

图3-2 合伙融资的优势

案例

不同的结局

年轻人罗恩决定自己创业，积极地寻找新的项目。一次，他听说在郊县有一位身怀绝技的老人，有丰富的医学知识及临床经验，通过自己的总结，他将家传的配方整理并研究成了极具保健滋养功效的保健汤。罗恩认为这是自己苦苦寻找的绝佳项目，老人在同罗恩多次接触之后，被他的执着打动，同意合伙开发保健汤。依托合伙人以及他的宝贵技术，创办了当地知名的企业。

苏珊和卡罗是好友，卡罗萌发了开办一所学校的念头，两人一拍即合。双方共同出资35万元（苏珊出资14万元，卡罗出资21万元）；苏珊占学校40%的股份，卡罗占60%的股份；卡罗担任学校董事长、校长，苏珊担任副董事长和副校长；每年利润分配各占 50%。在卡罗的操持下，学校很快开办起来并进入了正常的运转中。但在一次教育会议上，苏珊偶然发现学校注册登记是个体，而且出资人只有卡罗，注册资金也仅有 30 万元。

显然卡罗严重违反了当初的合约，他仅支付了 16 万元的投资，还将合伙企业改成了个体经营。心灰意冷的苏珊便将卡罗告上了法庭，并且冻结了自己掌管的学校资料。在创办了半年之后，学校终于因为这次纷争垮掉了。苏珊是不幸的，不仅因为合伙人而失败，更失去了几十年的友情。

案例点评：从罗恩和苏珊截然相反的合伙经历中我们不难发现，合伙经营就像把双刃剑，一不留神就可能使创业者遍体鳞伤损失惨重。统计结果表明，凡是合伙经营的企业，最终走向分裂的占 80%，这是多么令人惊讶的数字！

合伙经营失败的原因有很多（见图 3-3），但归根结底在于矛盾。再亲密的人，都可能会产生矛盾，更何况是基于利益的矛盾，这很可能使辛辛苦苦建立起来的企业毁于一旦。当然，任何问题都有解决的方法，为了企业的长远发展，创业者应当仔细分析矛盾的产生原因，争取化解合伙人之间的矛盾。

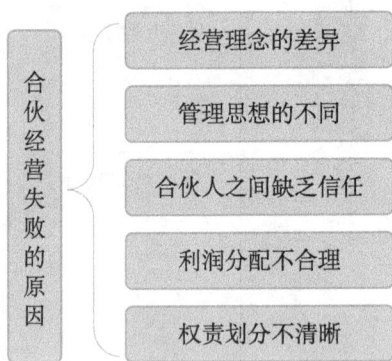

图 3-3　合伙经营失败的原因

虽然合伙经营存在诸多问题、隐患，但也有明显优势，仍不失为创业初期最快站稳脚跟的好方法。通过合伙经营最终成功的创业企业也有不少。这些成功地走出合伙散伙怪圈的企业，往往比别的企业更加健康，因为他们充分利用了合伙的资金、技术优势，自然比单打独斗要强许多。

如果创业者觉得自己需要利用合伙的形式来筹备资金、技术，就应该做好如图 3-4 所示 3 个方面的准备，以保证合伙经营的顺利进行。

在选定合伙人之后，创业者还应当用严格合理的条约来约束合伙双方今后的权责和利益分配。所谓"知人知面不知心"，一个人永远无法百分之百地去了解另一个人。

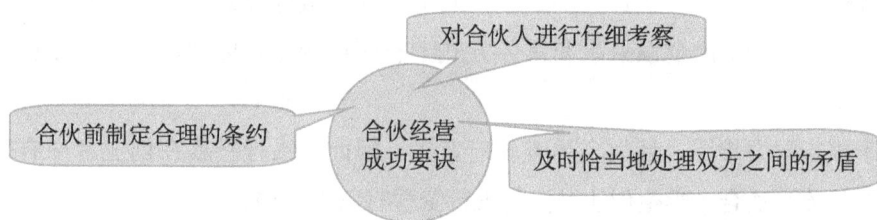

图 3-4 合伙经营成功要诀

即使很亲密的好友，也可能为了一点点利益翻脸不认人。创业合伙条约应明确以下内容：每个合伙人的管理权限和内容、合伙的期限以及提前退出合伙时的相应措施、每个合伙人的投资额以及所占股份的比例、利润的分配比例及方式、新合伙人加入的相应措施、每个合伙人的职责以及失职时的处罚措施。

在确立条约时，所有合伙人都应在场，在条约中要将所有细节均规定清楚，明确权责以及利益分配。合伙条约通常不得随意更改，合伙各方也应当严格遵守条约。

3. 民间借款

大学生创业者在创业初期向亲戚朋友借款筹集创业资金时，须把握以下技巧。

（1）必须签写书面借据。

（2）确定还款日期。

（3）明确借款用途。

（4）依法解决借贷纠纷。

（5）防止非法集资。

我国民间资本正在获得越来越大的发展空间。民间投资不再局限于传统的制造业和服务业领域，而是向基础设施、科教文卫、金融保险等领域"全面开花"，对众多创业者来说，这是利好消息。民间资本的投资操作程序较为简单，融资速度快，门槛也较低。民间投资者总想控股，容易与创业者发生矛盾。为避免矛盾，融资双方应把所有题目摆在桌面上谈，用书面形式表达出来。

4. 银行贷款

近几年来，国家越来越重视支持社会人士或大学生创业，各大商业银行也都陆陆续续推出了创业贷款计划。凡是具有一定生产经营能力或已经从事生产经营活动的个人，因创业或再创业需要，均可以向开办此项业务的银行申请专项创业贷款。但是，大部分地区专项创业贷款的额度较低，大多不超过 3 万元。因此，若创业需要的资金较多，则建议创业者考虑额度更高的如商业贷款等其他的融资方式。

　　多数创业者在遇到创业资金不足时，通常想到的最好方式是向银行贷款，但又不了解银行对创业贷款的金额数量和具体方式上有哪些规定，因此，大学生创业必须熟悉银行政策。

　　由于银行财力雄厚，且大多具有政府背景，因此，银行贷款在创业者中有较高的知名度。目前，适合大学生创业融资的银行贷款有以下 4 种。

　　一是抵押贷款，指借款人向银行提供一定的财产作为信贷抵押的贷款。

　　二是信用贷款，指银行仅凭对借款人资信的信任而发放的贷款，借款人无须向银行提供抵押物。

　　三是担保贷款，指以担保人的信用为担保而发放的贷款。

　　四是贴现贷款，指借款人以未到期的票据向银行申请贴现而融通资金的贷款。

　　创业者申请银行贷款，应做好"持久战"准备，由于申请贷款并非与银行一家打交道，还要经过工商管理、税务、中介机构等一道道"门坎"，手续烦琐，因此任何一个环节都不能出问题。

案 例

船王洛维格巧借鸡生蛋

　　丹尼尔·洛维格白手起家创立了一个跨国公司，它包括全部独资或拥有多数股权的遍布世界的产业。洛维格从 19 岁开始经营自己的事业，在此后的 20 多年中，一直有债务在身，几次濒临破产的边缘。直到年近 40 岁，洛维格才开始时来运转。他找纽约大通银行时，提出他有一条可以航行的老油轮，包租给一家信誉卓著的石油公司。银行就按着这个条件，把钱借给了洛维格。洛维格买下了那条老货轮，把它改装成为一条油轮，将它包租了出去。接着，他又用同样的办法，拿它作了抵押贷款，买下了另一条货轮，又把它改装成油轮包租出去。如此这般，每还清一笔贷款，他就净赚下一条船。包船租金开始落入洛维格的腰包。

　　洛维格借钱发财后，更进一步：他先设计好一条油轮或其他的船，但在安放龙骨前，他就找好一位愿意在船造好以后承租它的顾客。然后，他拿着包租契约前往银行申请贷款，来建造这条船。贷款的方式是"延期偿还贷款"，在这种条件下，在船未下水以前，银行只能收回很少还款。一旦等船下了水，租金就开始付给银行，其后贷款偿还的情况，与前述一样。经过好几年，贷款付清之后，洛维格就可以把船开走，一分钱未花就正式成为船主了。对于银行来说，这是一个不会赔本的贷款，在效力方面来讲，这个贷款受到两个经济上独立的公司或个人的担保，银行认为借出的钱多了一层保障。借钱赚钱的方式，被洛维格很快地推行到他的所有事业上，真正开始了庞大财富积聚的冒险过程。

案例点评：企业现代经营方式与传统小农意识经营有一个很大的区别，即受小农意识影响的经营者"双手紧紧地护着钱袋，用猜疑和嫉妒的眼光打量着他的邻居"（恩格斯语），他们把俭朴、节约视为最最宝贵的经营原则。而现代经营方式则是用大战略家的眼光来看待一切。他也关心成本的降低和费用的节约，但只是他的大棋局中的一枚棋子而已，本身服从于更高的目标——利润增加或市场份额扩大。节约只是实现这一目标的手段。只要筹资成本低于盈利率，则在风险可承受的范围内借债越多越好。洛维格具备了大战略家的现代经营精神，在众多平庸之辈中鹤立鸡群，脱颖而出，也就不足为怪了。

5. 风险投资

风险投资不需要抵押，也不需要偿还。如果投资成功，投资人将获得几倍、几十倍甚至上百倍的回报；如果失败，投进去的钱就算打水漂了。对创业者来讲，使用风险投资创业的最大好处在于即使失败，也不会背上债务。这就使得年轻人创业成为可能。近几十年来，这种投资方式发展得非常成功。

在很多人眼里，风险投资家手里都有一个神奇的"钱袋子"。这是一种高风险高回报的投资，风险投资家以参股的形式进入创业企业，为降低风险，在实现增值目的后会退出投资，不会永远与创业企业捆绑在一起。而且，风险投资比较青睐高科技创业企业。风险投资家固然关心创业者手中的技术，但他们更关注创业企业的盈利模式和创业者本人。因此，"轻易之辈"很难获得风险投资家的青睐，只有像马云、张朝阳、邵亦波、梁建章那样的创业"枭雄"，才有机会接近那些金光闪闪的"钱袋子"。

风险投资是由资金、技术、管理、专业人才和市场机会等要素组成的投资活动，风险投资具有以下 6 个特点。

（1）以投资换股权方式，积极参与新兴企业投资。

（2）协助企业进行经营管理，参与企业重大决策活动。

（3）投资风险大、回报高，并由专业人员周而复始地进行风险投资。

（4）追求投资早日回收，而不以控制被投资公司所有权为目的。

（5）风险投资公司与创业者的关系是建立在相互信任与合作的基础之上的。

（6）投资对象一般是高科技、高成长潜力的企业。

案例

视美乐——中国第一家大学生高科技公司

"视美乐"被媒体誉为中国第一家大学生高科技公司，其核心技术产品叫作"多媒体投影机"，由清华大学材料系学生邱虹云发明。1999年上半年，邱虹云、王科和徐中三位清华学生靠打工挣的钱和朋友、家人的资助，筹集50万元注册了公司。两个月后，上海第一百货商店股份有限公司与"视美乐"签定分两期注入5250万元风险投资的协议，这是中国第一例本土化的风险投资。1999年年底，"视美乐"的专利产品——多媒体超大屏幕投影机中试成功。

2000年，澳柯玛集团投资3000万元与"视美乐"合资注册成立北京澳柯玛视美乐信息技术有限公司（简称澳视），开发、生产、销售多媒体超大屏幕投影机及相关视听产品。当年年产10万台多媒体投影机生产基地在青岛经济技术开发区落成，该投影机涉及光学、电子、机械等多方面的尖端专业技术，在国内属于领先产品。

6. 天使投资

天使投资是一种概念，源于纽约百老汇，原来特指富人出资资助一些具有社会意义演出的公益行为。对于那些充满理想的演员来说，这些赞助者就像天使一样从天而降，使他们的美好理想变为现实。后来，天使投资被引申为一种对高风险、高收益的新兴企业的早期投资。相应地，这些进行投资的富人就被称为投资天使、商业天使、天使投资者或天使投资家。

创业者对天使投资要加以充分利用。

（1）挖掘并利用好来源于各类天使投资家的天使资本。天使资本主要有四个来源：一是曾经的创业者；二是传统意义上的富翁；三是大型高科技公司或跨国公司的高级管理者；四是部分经济发展良好的政府部门。

（2）发挥并利用好天使融资的作用。

①很多天使投资人本身是企业家，了解创业者的难处，是起步公司的最佳融资对象。

②天使投资者不一定是百万富翁或高收入人士，也可能是创业者的邻居、家庭成员、朋友、公司伙伴、供货商或任何愿意投资公司的人士。

③天使投资人不但可以带来资金，同时也带来关系网络。如果他们是知名人士，也可提高公司的信誉。

④天使投资往往是一种参与性投资，也被称为增值型投资。投资后，天使投资人往往积极参与被投资企业的战略决策和战略设计；为被投资企业提供咨询服务；帮助被投资企业招聘管理人员；协助公关、设计渠道等。

小资料

天使投资家有以下分类。

支票天使——他们相对缺乏企业经验，仅仅是出资，而且投资额较小，每个投资案为 1 万～2.5 万美元。

增值天使——他们有经验并参与被投资企业的运作，投资额也较大，为5万～25 万美元。

超级天使——他们往往是具有成功经验的企业家，可以对新企业提供独到的支持，每个投资案的投资额相对较大，在 100 万美元以上。

7. 典当融资

典当融资是一种新型而且比较特殊的融资方式。典当融资的主要作用就是救急——"急事告贷，典当最快"，典当融资虽只起拾遗补缺、调余济需的作用，但由于能在短时间内为融资者争取到更多的资金，因而被形象地比喻为"速泡面"。对大部分有意创业的人来说，"找米下锅"是头等大事，在这种情况下，典当融资作为一种新型的融资方式，为不少创业者圆了"老板梦"，因此获得越来越多创业者的青睐。典当融资有三个明显特征。

一是融资方式灵活。相比银行贷款，典当融资更具灵活性。典当行"认物不认人"，没有过多烦琐的程序和死板的条件，大到几百万元，小到几百元的业务都欢迎。典当行还可根据融资者的质（抵）押资产规模和资金途径，双方共同协商确定一个合理的贷款数量并可随时调整，以保证其资金运作既充裕又不必负担额外的利息和费用。

二是作为一种以实物所有权转移的形式取得临时性贷款的融资方式，典当融资有着独特优势：对中小企业的信用要求几乎为零，融资者可自由使用资金，从而大大提高了资金的使用率。

三是提供配套服务。其他融资方式往往只解决资金问题，典当融资却是个"多面手"。以"创业融资宝"为例，在提供融资服务的同时，还帮助其分析创业市场的需求与供给状况，选择有前景的创业项目，量身定制创业方案，尽可能地规避投资风险。

8. 政府资金

近年来，国家越来越重视大学生创业，从中央到地方各级政府都设立了种类繁多的基金、专项资金和计划，有针对性地对中小企业的创业和发展提供资助和扶持。国家各部委设立的扶持资金有：科技部设有 863 计划、火炬计划、科技型中小企业技术创新基金、农业科技成果转化资金等；商务部设有外经贸发展专项资金、中小企业国际市场开拓资金；财政部设有技术更新改造项目贷款贴息资金、中小企业发展专项资金；国家发改委设有产业技术进步资金资助计划、节能产品贷款贴息项目计划；工业和信息化部设有电子信息产业发展基金等。另外，各级地方政府为了促进当地科技、外贸以及经济的发展，从地方财政中拿出资金设立专项计划，支持中小企业发展。中小企业无论在其发展的种子期、初创期、初步成长期或快速成长期，只要符合国家和地方的产业政策，都可以申请并获得中央或地方财政资金的支持。

大学生要掌握政府资金申请方法。由于国家政策、计划出自不同部委，信息难以快速流动，因而不少地方的有关部门和企业，难以全面了解政策性计划，包括资金类别、设立宗旨、目的、实施步骤、申请条件、管理办法、申报程序、政策取向、申报时间、关键环节等，找不到适合的申报部门，失去了许多机会。其实，只要符合国家和地方的产业政策的创业企业，都可以申请并获得中央或地方财政资金的一些支持。创业企业要争取国家及地方政府资金的支持，可以借鉴以下的一些方法和技巧。

一是要认真学习国家有关创业专项计划和政府资金的扶持政策，了解政府资金的申请对象、申请办法、申请时间。通常有以下几种途径可以去学习和了解：可以通过政府各部门的网站，或直接到政府有关主管部门与有关人员交谈，或通过行业协会以及协会兴办的一些活动和讲座，或通过专家、专业人士以及中介机构等。

二是创业团队成员职责分工合理，特别是作为创业企业的决策者或经营管理的主要负责人，不仅要抓技术开发，抓产品市场，还要抓融资，学会与政府打交道，争取获取政府扶持资金。

三是要做好申请前的准备工作，重视申报材料的编写。申报材料一般包括项目可行性报告、申报单位情况和附件，每一部分都要精心准备。在编写材料之前，认真解读政策对申报材料的要求与申报条件，通过详细分析本企业拥有的核心技术、产品、市场等方面的优劣势和发展潜力，以及企业财务发展状况，把企业内在价值充分挖掘出来，注重公司无形资产的累积，准备好高新技术项目（企业）或软件企业的相关认定证书等。

四是要了解有关政策和企业的基本条件，按照规定程序来提交申请材料，进入审核程序。在这个过程中，申请材料必须把企业的内在价值尽可能地反映出来；同时，要主动与有关政府主管部门的人员接触、沟通，使他们对你的企业基本情况（特别是管理团队）有一个比较深的了解。类似于在做产品的市场推广，企业必须做品牌推广，特别是争取政府的支持。建立必要的公共和信用关系，要使政府了解到企业技术在行业的领先水平、财务状况良好、企业运作正常、市场前景广阔和管理团队过硬等。

创业项目申报材料一般包括项目可行性报告、申报单位情况和附件。对于申报材料的要求，包括如下内容。

（1）符合政府重点支持的领域。

（2）论述准确，全面反映申报项目的基本情况。

（3）项目技术含量和先进程度的论述（给出专家鉴定结论或报告），尽量提供权威机构或国家、国际技术标准，比较国内外同类研究或产品的主要技术指标。

（4）合理分析项目工艺流程，在不泄密的情况下对关键的技术环节要予以阐述。

（5）项目技术创新点简明、集中，明确指出是全新产品，还是全新原理，或是工艺重大改进，以及在技术性能指标方面的突破，对于原创性的技术一定要着重论述。

（6）项目技术成熟度、进展情况、技术风险，要明确地予以有理有据的分析。

（7）避免项目市场笼统分析或者按比例放大，论述项目产品的性能价格比和可以被用户接受的根据，注重用户使用情况反馈。

（8）在项目效益分析中，重视社会效益分析，突出行业地位和对产业的引导、带动作用；经济效益分析不要盲目扩大，对能够实现的目标客观地进行科学分析。

（9）要尽量体现出申报单位的特色和实力、所取得的业绩和资信程度。充分展示财务状况和申报单位的制度。

（10）提供附件要仔细、全面、有针对性，与项目可行性报告和申报单位的内容相符，并给予证实。

9. 股权融资

股权融资吸纳的是股权投资人的权益资本，采取的融资策略包括联合投资、分段投资、匹配投资和组合投资等。

联合投资：对于风险较大、投资额较高的项目或企业，投资人往往联合其他投资机构或个人共同投资，牵头投资人持有的股份最多。这样对于创业企业来讲，可以享有更多投资者的资源，但也不是投资者越多越好，因为投资者太多，难免发生冲突和内耗。

分段投资：创业早期风险大，资金需求则相对较小。随着时间的推移，风险逐步减少，资金需求却逐步增加。对于发展情况趋坏的项目，投资人可以在下一轮投资时慎重考虑是否进一步追加投资。对于那些已经没有挽救希望的企业，则通过清算等手段尽可能收回前期投资。这种分阶段多次投资的策略，使投资人可以根据风险的变化进退自如，以尽可能避免投资损失。

匹配投资：是指投资人在对项目或企业进行投资时，要求项目的经营管理者或创业企业投入相应资金。匹配投资将风险投资者与创业企业捆在了一起，促使创业企业或项目经营管理者加强管理，从而降低了投资风险。

组合投资：即不把鸡蛋放在一个篮子里。投资人在进行投资时一般不把资金全部投向一个项目或企业，而是分散投向多个项目或企业。这样一来，一个或几个项目或企业的损失，就可能从另外的项目或企业的成功中得到补偿，从而避免风险投资公司全军覆没的危险。一般来说，几个项目同时失败的可能性较一个项目失败的可能性要小得多。

如何选用股权融资方式，也是在股权融资中需要认真考虑的重大决策。在著名电商企业阿里巴巴的融资过程中，企业负责人运用不同的股权融资方式，在不同的企业运营阶段分别成功运用了合适的股权融资策略——联合投资、分段投资的策略。阿里巴巴在上市前共进行了三轮融资：联合投资体现在阿里巴巴在上市前的第一轮和第三轮融资，都是所有投资者一起投资，如第一轮是高盛、富达、新加坡政府科技发展基金等投资者一起投资，第三轮是软银、富达、IDF、雅虎一起联合投资；而第二轮是软银单独进行投资。

案 例

搜狐创办者张朝阳的第二次融资故事

尼葛洛庞帝是麻省理工学院的教授，他2004年来到中国，提出了对数字技术和互联网的未来的设计，并认为人脑将会与电脑直接交流。尼葛洛庞帝的访华，让张朝阳找到了新的注意力，也吸引了诸多人才加盟搜狐公司。不过，张朝阳面临的具体问题是他所创办的爱特信公司账上现金已经消耗殆尽，需要进行第二次融资。如果说第一次融资的股东多少是基于对张朝阳个人的信任以及私交的话，那么第二次融资则再也没有这样的情感因素帮忙。对于张朝阳来讲，这次融资过程几经起伏，长达半年的融资经历令他刻骨铭心。

在张朝阳的印象中，美国人对中国十分陌生，几乎没有投资人愿意听他的计划。事实上，那个时候能够找到一个愿意接见这个中国创业者的投资人都很困难。

在罗伯特和尼葛洛庞帝的引荐下，张朝阳自费前去美国加州见那些亿万富豪。他先在加州的一个小旅馆住下，用绿卡租了辆车，然后用了两天时间不停地打电话与几位可能改变他的公司命运的人约定见面时间。1997年9月11日让张朝阳终生难忘，他至今为自己在这一天表现出来的能力而骄傲——在这一天中他马不停蹄地见了4位风险投资人，他们都表示出很强的投资意向。

10. 融资租赁

融资租赁是指出租人根据承租人对租赁物件的特定要求和对供货人的选择，出资向供货人购买租赁物件，并租给承租人使用，承租人则分期向出租人支付租金，在租赁期内租赁物件的所有权属于出租人所有，承租人拥有租赁物件的使用权。融资租赁是集融资与融物、贸易与技术更新于一体的新型金融产业。由于其融资与融物相结合的特点，出现问题时租赁公司可以回收、处理租赁物，因而在办理融资时对企业资信和担保的要求不高，所以非常适合中小企业融资。中国的融资租赁是改革开放政策的产物。

融资租赁除了融资方式灵活的特点外，还具备融资期限长、还款方式灵活、压力小的特点。中小企业融资租赁的期限可达3年，高于一般银行贷款期限。在还款方面，中小企业可根据自身条件选择分期还款，极大地减轻了短期资金压力，防止中小企业本身就比较脆弱的资金链发生断裂。融资租赁虽然以其门槛低、形式灵活等特点非常适合中小企业解决自身融资难题，但是它却不适用于所有的中小企业。

租赁物由承租人决定，出租人出资购买并租赁给承租人使用，并且在租赁期间内只能租给一个企业使用。承租人负责检查验收制造商所提供的租赁物，对该租赁物的质量与技术条件出租人不向承租人做出担保。出租人保留租赁物的所有权，承租人在租赁期间支付租金而享有使用权，并负责租赁期间租赁物的管理、维修和保养。租赁合同一经签订，在租赁期间任何一方均无权单方面撤销合同。只有租赁物毁坏或被证明为已丧失使用价值的情况下方能中止执行合同，无故毁约则要支付相当重的罚金。租期结束后，承租人一般对租赁物有留购和退租两种选择，若要留购，购买价格可由租赁双方协商确定。

三、融资程序及注意事项

1. 融资程序

创业企业在融资过程中需要了解和选择目标投资者，同时也必须向目标投资者证明其投资是有价值的、投资风险是可以控制的。

(1) 融资的前期评估。创业企业在融资前期，首先要寻找和了解潜在资金提供方并进行合理评估。系统分析创业融资的必要性和可行性，估算融资规模，确定融资渠道和方式，选择融资期限与时机，估算融资成本，评估融资风险，并形成融资诊断与评估报告，作为融资决策的依据。

(2) 融资的资料准备。在此阶段，创业企业要做好融资前自身的各种企业资料准备，特别是必须认真编制、撰写并修改完善创业商业计划书。

(3) 融资的双方谈判。在此阶段，创业企业开始与潜在资金提供方进行接触，就融资资金的使用价格、期限、提供方式、还款方式等细节进行商谈，直至双方达成一致意见。

(4) 融资的方案签订。在此阶段，创业企业需要进行融资组织、策划与实施等工作，也就是根据双方谈判的结果和要求，对所有资金到位前的工作进行细化、论证、安排。核心是制定融资实施方案与签订融资协议两个环节。

(5) 融资的事后评价。在此阶段，创业企业需要分析和总结本次融资的成败之处，为下次融资积累经验和相关资料。具体工作包括融资效果评价，融资成败的经验和教训分析，融资参与人员的表现及其奖惩处理，融资档案的建立等。

2. 融资注意事项

融资对于大学生创业是非常重要的事情，不懂得融资或者不融资，创业过程将会变得无比困难。大学生在创业融资的过程中需要注意以下事项。

(1) 避免盲目选择项目。大学生创业者在创业之初一定要做好市场调研，在了解市场的基础上创业。一般来说，大学生创业者资金实力较弱，选择启动资金不多、人手配备要求不高的项目，从小本经营做起比较适宜。

(2) 避免创业技能欠缺。一方面，大学生应去企业打工或实习，积累相关的管理和营销经验；另一方面，积极参加创业培训，积累创业知识，接受专业指导，提高创业成功率。

(3) 避免社会资源不足。大学生平时应多参加各种社会实践活动，扩大自己人际交往的范围。创业前，可以先到相关行业领域工作一段时间，通过这个平台，为自己日后的创业积累人脉资源。

（4）避免管理太过随意。大学生要想创业成功，必须技术、经营两手抓，可从合伙创业、家庭创业或从虚拟店铺开始，锻炼创业能力，也可以聘用职业经理人负责企业的日常运作。

（5）避免缺失导师指导。创业过程需要发挥创业指导师的帮带作用，这能使创业过程少走很多弯路。例如，杭州现有大学生创业指导师 200 多名，都是有丰富创业教育经验和创业实践经验的学者、专家和企业家。

（6）避免随意预测销售。常见错误是先估算整个市场容量，然后估算自己将获得多少份额，据此算出期望的销售额。或者是先预计每年销售额的增长幅度，据此算出今后若干年的销售额。比较实在可信的方法是计划投入多少资源，调查面向的市场有多少潜在客户，有哪些竞争产品，然后根据潜在客户成为真实用户的可能性和单位资源投入量所能够产生的销售额，算出企业的销售预测。

大学生在初次创业时，最好选择零投资的创业项目或者低投资的创业项目，当有了足够的经济实力或者有足够强的推销自己的能力，可以试着再去做高投资的创业。

四、创业融资的误区

1. 认清创业融资的误区

筹资既是公司推销的过程，也是产品和梦想推销的过程。一般来说，风险投资公司一年要听取数百位企业家阐述他们的创业计划，而最后做出投资决定的项目不超过1%。因此，创业者要做好准备，把握机会。许多初次创业者，常常会在创业融资方面走入误区，使自己的努力功败垂成。

误区一：因缺乏资金规划和融资准备而影响融资结果。企业融资是大学生创业发展过程中的关键环节，创业企业要获得快速发展，必须要有清晰的发展战略，并要从里到外营造一个资金愿意流入该企业、能够流入该企业的经营格局。不少民营企业或大学生创业者把企业融资当作一个短期行为来看待，突击融资取款，实际上成功的机会很少。

误区二：因缺少融资知识而把融资简单化、随意化。有些创业者有很强的融资意愿，但缺少相应的融资知识，真正理解融资的人很少，很多融资者总希望托人打个电话，找个熟人，写个商业计划书，就能把钱贷到手。他们不注重用心去研究融资知识，而把融资简单化、随意化了。

误区三：选择了"管得太严"或急功近利的风险资金。对于创业者而言，如果选择了一些急功近利的、以"套现"为终极目标的风险资金，对企业的成长有百害而无一利。投资、融资本来就是一个双向选择的过程，创业者也绝不能因为财务上暂时的紧张而让自己处于一个弱者的地位。对于"管得太严"的投资者更要警惕，这种类型的投资者往往带有很强的功利心，甚至有"赚一把就跑"的心理，这无疑对初创企业的发展会带来很大的制约和风险。

案例

阿里巴巴拒绝急功近利投资者

阿里巴巴诞生不久，便吸引了风险投资家的目光。风险资本是互联网神话的缔造者之一，无数的".com"横空出世的背后，都闪耀着风险投资的光辉。风险投资家把目光投向互联网，是因为网络将带来人类生活方式的又一次革命，网络蕴藏着无限的商业机会。而互联网创业者倚重风险投资家，只为"好风凭借力，送我上青云"。风险资本的雄厚财力、丰富的管理经验，给初出茅庐的创业者插上了成功的翅膀。马云理想中的合作伙伴是一些愿意与阿里巴巴共同成长的公司。

第一个来找马云合作的是一个民营企业老板，老板开门见山："马云，我给你100万，你给我每年10％的利润就行，也就是说明年这个时候你给我110万，怎么样？"马云回答："您真是比银行还黑，这100万我不要！"

误区四：因急于求成而贱卖自己的技术或创意。大学生创业心切，急于得到企业的启动或周转资金，甚至觉得"只要能获得启动资金就行"，直接给投资方让出大股份，贱卖技术或创意。但在公司运营一段时间后，才感悟到当初的技术卖便宜了，开始对当初的投资协议不满。这时，有的人又会轻率地提出毁约。这样做的后果很不好，只会造成在资本市场上失去商业信誉。

误区五：不珍惜投资方的资金。有些人对风险投资不负责任，认为自己的创业过程是烧别人的钱圆自己的梦。创业不仅是创业者实现理想的过程，更是使投资者的投资保值增值的过程。创业者和投资者是一个事物的两个方面，只有通过企业载体的发展，才能达到双赢的目标。

误区六：不顾利弊死跟投资方。这是指即便投资方不能提供增值性服务和管理指导，仍与其捆绑在一起。由于大学生创业很难找到融资对象，创业者对融资市场的情报信息的收集与整理可能不齐全、不对称或不完整，难得找到一个投资方就像发现了救命稻草一样，以为资金就能解决一切创业困难，觉得没有讨价还价的余地或者必要，这样的融资会给后续发展带来很多麻烦。

2. 避免陷入融资误区

一是要做好资金规划和融资准备。进行合理的资金规划和充分的融资准备，把企业及其经营业务清晰地展示在投资者面前，让投资者看到给你融资后"逐利"的可能性和现实性。

二是掌握相应的融资知识。企业融资是非常专业的，需要有丰富的融资经验和广泛的融资渠道，对资本市场和投资人要有充分的认识和了解，还要有很强的专业策划能力及解决融资过程中遇到的各种现实问题的运作能力。因此，融资企业必须加强融资知识的学习理解。还可以聘请融资顾问，从培育和铸造企业资金链的高度，帮助企业打造企业发展的资金支撑平台。

三是谨慎选择投资者。创业融资前选择风险投资和投资人的确是要慎重考虑的，如果选择了一些急功近利的、以"套现"为终极目标的风险资金，对企业的成长壮大有百害而无一利。投资、融资本来就是一个双向选择的过程，对于"管得太严"的投资者更要警惕。

四是合理评估项目价值。大学生在创业之初，要对自己的创业项目有信心，不要轻易出让股份。当然，如果创业者真的愿意采用出让股权的方式进行融资，则必须做好投资人的选择。只有同自己经营理念相近，其业务或能力能够为投资项目提供渠道或指导的投资才能有效支撑企业的成长。

五是珍惜投资方的资金。大学生创业不仅是实现创业团队自身理想的过程，也是使投资者（股东）的投资保值增值的过程。创业者和投资者是一个事物的两个方面，大家只有通过企业这个载体才能达到双赢的目标。能为股东创造价值的创业者才能得到更多的融资机会和成长机会，因此创业者不仅要加强自身的技术能力，还需要具备企业家的道德风范。

第四节　大学生创新创业团队组建

───引 例───

阿里巴巴十八罗汉创业者团队

1999 年 2 月 20 日，在湖畔花园小区，18 个人聚在一起开会。马云站在中间讲了整整两小时。彭蕾说："几乎都是他在讲，说我们要做一个中国人创办的世界上最伟大的互联网公司，张牙舞爪的，我们就坐在一边，偷偷翻白眼。"

公司的启动资金是 50 万元，18 个人一起出钱凑的，各自占了一份不同比例的股份，写在一张纸上，签上名字之后，大家从此不再看一眼，"天天看着它做梦，我们就做不好事"。后来他们被称为创造了阿里巴巴的十八罗汉。10 年后，这家公司上市了，在上市当天成为一家市值超过 200 亿美元的中国互联网公司。他们每个人都已经成为亿万富翁。当然，他们不是 IPO 中唯一获利的团队，阿里巴巴中 70% 的员工，大约有 4900 名员工，成为了不折不扣的富翁。在阿里巴巴十周年庆的晚上，这 18 位创始人向马云辞去了创始人的身份，从零开始。用马云的话说，阿里巴巴进入了合伙人的时代。

案例点评：阿里巴巴集团的 18 位创始人，能力强而专长各异，每一位各尽其能地分担一个或多个职务，各司其责，分工合作，每个人既成就了自己，也最终合力成就了阿里巴巴！

一、创业团队的组成及类型

1. 创业团队的组成

创业团队（Entrepreneurial Team）是指在创业初期（包括企业成立前和成立早期），由一群才能互补、责任共担、愿为共同的创业目标而奋斗的人所组成的特殊群体。俗话说："一个篱笆三个桩，一个好汉三个帮。"创业者，如果有一个团队总会比一个人更能实现创业的成功。而一个成功的创业团队需具备 5 个重要的团队构成要素，称为 5P。

（1）目标（Purpose）。目标是将人心凝聚起来的重要因素，从本质上来说创业团队的根本目标都在于创造新价值。创业团队应该有一个既定的共同目标，为团队成员导航，知道要向何处去。如果没有目标，这个团队就没有存在的价值。目标在创业企业的管理中以创业企业的远景、战略的形式体现。

（2）人员（People）。人作为知识的载体，所拥有知识对创业团队的贡献程度，决定创业企业在市场中的命运。人是构成创业团队最核心的力量，人力资源是所有创业资源中最活跃、最重要的资源。创业者应充分调动各种资源和能力，将人力资源进一步转化为人力资本。在一个团队中，需要有人出主意，有人定计划，有人实施，有人协调不同的人一起去工作，还有人监督创业团队的工作进展，不同的人通过分工来共同完成创业团队的目标。在人员选择方面，要考虑人员的能力如何，技能是否互补，工作经验如何。

（3）定位（Place）。创业团队成员的定位一般包含以下两层意思：一是创业团队的定位。创业团队在企业中处于什么位置，由谁选择和决定团队成员，创业团队最终应对谁负责，团队成员角色如何分配（即明确各人在新创企业中担任的职务和承担的责任），创业团队采取什么方式激励下属。二是个体（创业者）定位。作为成员在创业团队中扮演什么角色，是制订计划还是具体实施或评估；是大家共同出资，委派某个人参与管理，还是大家共同出资，共同参与管理；或是共同出资，聘请第三方（职业经理人）管理。这些体现在创业实体的组织形式上——是合伙企业或是公司制企业。

（4）权限（Power）。创业团队中领导者的权力大小，与其团队的发展阶段和创业实体所在行业相关。一般来说，创业团队越成熟，领导者所拥有的权力相应越小。在创业团队发展的初期阶段，领导权相对比较集中。高科技实体多数实行民主管理方式。

（5）计划（Plan）。即制订成员在不同阶段分别要做哪些工作以及怎样做的指导计划。任何计划的实施最终还是要落实到创业人员的身上。创业计划一般包括两层含义：一是目标最终的实现，需要一系列具体的行动方案，可以把计划理解为实现目标的具体工作程序。二是按计划进行，以保证创业团队的工作进度。只有在计划之下，创业团队才会一步一步地贴近目标，从而最终实现目标。

2. 创业团队的类型

从不同的角度、层次和结构，可以将创业团队划分为不同的类型。依据创业团队的组成者来划分，创业团队有星状创业团队（Star Team）、网状创业团队（Net Team）和虚拟星状创业团队（Virtual Star Team）。

（1）星状创业团队。在星状创业团队中有一个核心人物（Core Leader），充当了领导者的角色。这种团队在形成之前，核心人物就有了创业的想法，然后根据自己的设想进行创业团队的组建。因此，在团队形成之前，核心人物已经就团队组成进行过仔细思考，然后根据自己的想法选择相应的人员加入团队。这些加入创业团队的成员可能是核心人物以前熟悉的人，也有可能是不熟悉的人，这些团队成员在企业中扮演支持者角色（Supporter）。这种创业团队有以下几个明显的特点。

①组织结构紧密，向心力强，核心人物在组织中的行为对其他个体影响巨大。

②决策程序相对简单，组织效率较高。

③容易形成权力过分集中的局面，从而使决策失误的风险加大。

④当团队成员和核心人物发生冲突时，因为核心人物的特殊权威，使其他团队成员在冲突发生时往往处于被动地位。在冲突较严重时，其他团队成员一般都会选择离开团队，因而对组织的影响较大。

星状创业团队代表企业——太阳微系统公司

太阳微系统公司（Sun Microsystem）创业当初就由维诺德·科斯拉（Vinod Khosla）确立了多用途开放工作站的概念，接着他找了比尔·乔伊（Bill Joy）和安迪·贝托尔斯海姆（Andy Bechtolsheim）两位分别在软件和硬件方面的专家，然后找到了具有实际制造经验和人际技巧的斯科特·麦克尼里（Scott McNealy），于是，组成了 Sun 的创业团队。

（2）网状创业团队。这种创业团队的成员一般在创业之前都有密切的关系，比如同学、亲友、同事、朋友等。一般都是在交往过程中，共同认可某一创业想法，并就创业达成了共识以后，开始共同创业。在创业团队组成时，没有明确的核心人物，大家根据各自的特点进行自发的组织角色定位。因此，在企业初创时期，各位成员基本上扮演的是协作者或者伙伴角色（Partner）。这种创业团队的特点：一是团队没有明显的核心，整体结构较为松散。二是采取集体决策方式，通过大量的沟通和讨论达成一致意见，因此组织的决策效率相对较低。三是团队成员在团队中的地位相似，在组织中形成多头领导的局面。四是当团队成员之间发生冲突时，一般都采取平等协商、积极解决的态度消除冲突，团队成员不会轻易离开。但是一旦团队成员间的冲突升级，使某些团队成员撤出团队，就容易导致整个团队涣散。

（3）虚拟星状创业团队。这种创业团队是由网状创业团队演化而来，基本上是前两种团队的中间形态。在虚拟星状创业团队中，有一个核心成员，但是该核心成员地位的确立是团队成员协商的结果，因此核心人物从某种意义上说是整个团队的代言人，而不是主导型人物，其在团队中的行为必须充分考虑其他团队成员的意见，不像星状创业团队中的核心人物那样有权威。

二、创业团队成员的作用及行为特征

1. 创业团队成员的作用

创业团队优势互补是指由于创业者知识、能力、心理等特征和教育、家庭环境方面的差异，通过组建创业团队来发挥各个创业者的优势，弥补彼此的不足，从而形成一个知识、能力、性格、人际关系资源等方面全面具备的优秀创业团队。

（1）团队成员优势互补。从人力资源管理的角度来看，建立优势互补的创业团队是保持创业团队稳定的关键。要使创业团队能够发挥最大能量，创建之初，不仅仅要考虑相互之间的关系，最重要的是考虑成员之间的能力或技术上的互补性，包括功能性专长、管理风格、决策风格、经验、性格、个性、能力、技术以及未来的价值分配模式等特点的互补，以此来达到团队平衡。

创业团队由很多成员组成，成员在团队里究竟扮演什么角色，对团队完成既定的任务起什么作用，团队缺少什么样的角色，候选人擅长什么、欠缺什么，什么样的人与团队现有成员的个人能力和经验是互补的，必须首先界定清楚。这样有利于用角色理论挑选和配置成员，做到优势互补，用人之长。因为创业的成功不仅是自身资源的合理配置，更是各种资源调动、聚集、整合的过程。

（2）发挥团队成员角色作用。创业团队中的不同角色发挥着不同作用，因此，团队中不能缺少任何角色。一个创业团队要想紧密团结在一起，共同奋斗，努力实现团队的远景和目标，各种角色的人才都不可或缺。

①创新者——提出观点。没有创新者，思维就会受到局限，点子匮乏。创新是企业生产、发展的源泉，企业不仅需要技术创新，也需要管理创新。

②实干者——运筹计划。千里之行始于足下，有了好的创意还需要靠实际行动去实践。实干者在企业人力资源中应该占较大的比例，他们是企业发展的基石。没有执行就没有竞争力。只有通过实干者踏实努力的工作，美好的远景才会变成现实，团队目标才能实现。

③凝聚者——润滑调节各种关系。没有凝聚者的团队，人际关系会比较紧张，冲突的情形会更多一些，团队目标将受到很大冲击，团队寿命也将缩短。

④信息者——提供支持的武器。信息是企业发展必备的重要资源之一。世界是开放的系统，创业团队要在社会中生存和发展，如果没有与外界的信息交流，企业就成了一个自给自足的封闭小团体。当代创业团队的成功更需要正确的、及时的信息。

⑤协调者——协调各方利益和关系。团队协调者除了要有权力性的领导力以外，更要有一种个性的引召力，帮助领导树立个人影响力。从某个角度说，管理就是协调。各种背景的创业者凝聚在一起，经常会出现各种分歧和争执，这就需要协调者来调节。

⑥推进者——促进决策的实施。推进者是创业团队进一步发展的助推器。

⑦监督者——监督决策实施过程。监督者是创业团队健康成长的鞭策者。

⑧完美者——注重细节，强调高标准。在企业成长过程中，完美者的作用是克服企业缺陷，为做大做强企业打下坚实的基础。"细节决定成功"的观点也说明了完美者在企业管理和发展中的重要作用。

⑨专家——专家为企业业务向纵深方向发展提供指导。

在了解不同角色对于团队的作用，以及各种角色的配合关系后，就可以有针对性地选择人才，通过不同角色组合来组成完整的团队。由于团队中的每个角色都是优点和缺点相伴相生，领导者要学会用人之长、容人之短，充分尊重角色差异，发挥成员的个性特征，找到与角色特征相契合的工作，使整个团队和谐、互补。优势互补是团队搭建的根基，竞争是企业赖以发展的主要法宝。

2. 创业团队成员的行为特征

一是团队成员应该自主开展各项工作。如果团队领导或主管出门以后手机响不停，表面上看起来他很忙，其实只能说明这个企业的权力抓在领导手上，常常有事情没人决定。

二是团队成员应该善于为企业思考。领导在做决策时，如果决策依据的70%都是来自基层，就说明这个团队注意员工的思考性。反之，如果这些意见都是来自中高层，没有对下面员工的意见进行调查，没有总结，则说明这个团队的思考性不强。优秀员工会经常思考，对所遇到的问题主动提出解决办法，并说出每种方法的优缺点，拿出最佳方案给领导。

三是团队成员应该有合理的分工协作。俗话说，一个和尚挑水喝，两个和尚抬水喝，三个和尚没水喝，以及"三个臭皮匠顶个诸葛亮"等，都说明了成员分工协作精神的重要性。

三、创业团队的组建

1. 创业团队的组建原则

一是明确创业目标，使团队成员清楚地认识到共同的奋斗方向。同时，目标必须合理、切实可行，这样才能真正达到激励目的。

二是优势互补。创业者寻求团队合作，其目的就在于弥补创业目标与自身能力间的差距。只有当团队成员相互间在知识、技能、经验等方面实现互补时，才有可能通过相互协作发挥出"1+1>2"的协同效应。

三是精简高效。为了减少创业期的运作成本，最大比例地分享成果，创业团队人员构成应在保证企业能高效运作的前提下，尽量精简。

四是动态开放。在组建创业团队时，应注意保持团队的动态性和开放性，使真正完美匹配的人员能被吸纳到创业团队中来。

2. 创业团队组建的影响因素

从内部因素来看：一是创业者的能力和思想意识，它从根本上决定了是否要组建创业团队，团队组建的时间，以及由哪些人组成团队。创业者只有在意识到组建团队可以弥补自身能力与创业目标之间存在的差距时，才会考虑是否需要组建创业团队，以及对什么时候需要引进什么样的人员才能和自己形成互补做出准确判断。二是团队成员的能力的总和，它决定了创业团队整体能力和发展潜力。创业团队成员的互补性是组建创业团队的必要条件，团队成员间的互信是形成团队的基础。互信的缺乏，将直接导致团队成员间协作障碍的出现。三是共同的价值观。统一的目标是组建创业团队的前提，团队成员若不认可团队目标，就不可能全心全意为此目标的实现而与其他团队成员相互合作、共同奋斗。而不同的价值观将直接导致团队成员在创业过程中脱离团队，进而削弱创业团队作用的发挥。

从外部影响因素来看：一是不同类型的商机需要不同的创业团队类型。创业者应根据自身与商机间的匹配程度，决定是否要组建团队，以及何时、如何组建团队。二是制度环境、基础设施服务、经济环境、社会环境、市场环境、资源环境等多种外部要素，从宏观上间接地影响着对创业团队组建类型的需求。

3. 创业团队的组建

创业团队组建是一个相当复杂的过程，不同类型的创业项目所需的团队不一样，创建步骤也不完全相同。概括来讲，创业团队组建的基本程序及其主要工作如图3-5所示。

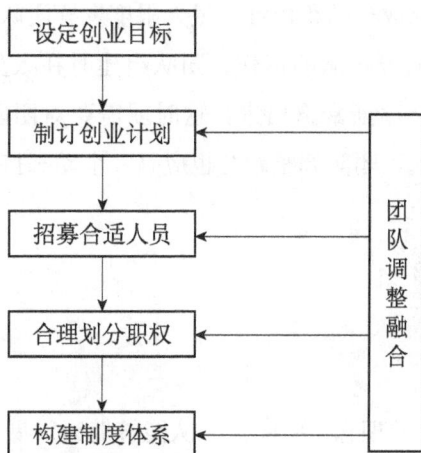

图 3-5 创业团队组建程序

（1）设定创业目标。创业团队的总目标就是要通过完成创业阶段的技术、市场、规划、组织、管理等各项工作，使企业从无到有、从起步到成熟。总目标确定之后，为了推动团队最终实现创业目标，再将总目标加以分解，设定若干可行的、阶段性的子目标。

（2）制订创业计划。在确定了一个个阶段性子目标以及总目标之后，就要研究如何实现这些目标，这就需要制订周密的创业计划。创业计划是在对创业目标进行具体分解的基础上，以团队为整体来考虑的计划。创业计划确定了在不同的创业阶段需要完成的阶段性任务，通过逐步完成这些阶段性任务来最终实现创业目标。

（3）招募合适人员。招募合适的人员是创业团队组建最关键的一步。招募创业团队成员应考虑以下两个方面：一是互补性，即考虑其能否与其他成员在能力或技术上形成互补。这种互补性既有助于强化团队成员间彼此的合作，又能保证整个团队的战斗力，更好地发挥团队的作用。二是适度规模，团队规模是保证团队高效运转的重要条件。一般认为，创业团队的规模控制在 2～12 人最佳。

（4）合理划分职权。指确定每个团队成员所要担负的职责以及相应所享有的权限。团队成员间职权的划分必须明确，既要避免职权的重叠和交叉，也要避免无人承担造成工作上的疏漏。此外，由于处于创业过程中，面临的创业环境又是动态复杂的，不断会出现新的问题，团队成员可能不断出现更换，因此创业团队成员的职权也应根据需要动态调整。

（5）构建制度体系。创业团队的制度体系体现了团队对成员的控制和激励能力，制度体系主要包括创业团队在企业运营过程中的各种约束制度和各种激励机制，应以规范化的书面形式确定下来，以免企业运营过程中引起不必要的混乱。其中，约束制度和激励机制对于充分调动成员的积极性、最大限度发挥团队成员作用有重要影响。

（6）团队调整融合。随着团队的运作，团队组建时在人员匹配、制度设计、职权划分等方面的不合理之处会逐渐暴露出来，这时就需要对团队进行调整融合。由于问题暴露需要一个过程，因此，团队调整融合也应是一个动态持续的过程。

四、创业团队的管理

1. 打造优秀团队

一是要坚持正确、统一的理念。要坚信团队能够健康发展，消除"只能共苦不能共甘""天下没有不散的宴席""过河拆桥"等观念，这些观念很可能为失败埋下种子。

二是坚持不断地互相沟通。保持团队成员沟通，消除一切沟通障碍。有不同的看法，不在公开场合辩论，不把矛盾展示给下属，而是在私下好好洽谈沟通。创业团队领导之间的矛盾不要让下属来评论、解决，如果发现组织中的小人利用领导之间的矛盾分歧达到个人目的和损害组织利益，那就毫不犹豫地予以开除。

三是坚持就事论事。当创业团队成员的矛盾冲突涉及两个阵营、外力不能解决时，应停止争论，停止人事波动，就问题解决问题，不要就人讨论。还要学会换位思考。创业团队成员要学会多从对方的角度考虑问题，多为对方着想，凡事多些宽容，少些指责。

四是签订创业合作协议书。通过协议书，把最基本的责权利说透彻，要把股权、利益分配（包括增资、扩股、融资、撤资、人事安排等）在创业合作协议书里面写清楚。

2. 激励创业团队

激励是指组织通过设计适当的外部奖酬形式和工作环境，以一定的行为规范和惩罚性措施，借助信息沟通来激发、引导、保持和规划组织成员的行为，以有效地实现组织及其成员个人目标的系统性活动。管理心理学把激励看成是"持续激发动机的心理过程"。激励水平越高，完成任务的努力程度和满意度就越强，工作效能就越高；反之，激励水平越低，则缺乏完成组织目标的动机，工作效率就越低。

创业团队要实现高效运作，必须建立有效的激励机制，主要包括利益分配方案、奖惩制度、考核标准、激励措施等，使团队成员能看到，随着创业目标的实现，自身利益将会得到怎样的改变，从而达到充分调动团队成员的积极性、最大限度发挥团队成员作用的目的。要实现有效的激励，首先就必须把成员的收益模式界定清楚，尤其是关于股权、奖惩等与团队成员利益密切相关的事宜。

3. 创业团队破裂的原因及其预防

创业团队最常见的分离破裂的原因是创业团队成员之间的利益冲突，因此，创业团队要建立合理的利益分配制度，创业成员之间要有互相包容的气度。创业团队分离破裂的另一个原因是创业团队成员之间的意见和理念分歧，因此必须建立并恪守团队的价值观与团队文化。创业团队成员之间起摩擦冲突的常见原因是性格不同，因此要避免"放大"性格缺陷、走极端，多理解并学会理性相处。创业团队因为共同愿景、希望实现共赢而共同努力，需要在创业过程中学会提升自己的核心竞争力，避免受到各种外部利益等因素的诱惑。创业团队成员之间一旦出现互相猜疑甚至信任缺失，创业企业就很可能走向失败。因此，创业团队成员之间必须互相信任，开诚布公地及时沟通，这样才能把创业当成事业，并真正经营成功。

单元小结

本单元旨在为大学生创新创业者介绍新形势下的创新创业环境，创新创业机会的寻找发现和创新创业项目的选择，创新创业资源特别是创业资金的融资渠道和技巧，以及创新创业团队的组建和管理方法技巧。希望大学生创新创业者能够重点掌握合适的方法，选定适合自己的创新创业项目，掌握正确的渠道方法与技巧去进行创业融资，掌握方法技巧去组建创新创业团队，并能够在创新创业过程中合理使用创业团队管理和激励方法，使创新创业过程能够顺利成功。

单元练习

一、选择题

1. （　　）从根本上决定了是否要组建创业团队、团队组建的时间以及由哪些人组成团队。

　　A. 商机　　　　　　　　　　B. 创业者

　　C. 团队目标与价值观　　　　D. 外部环境

2. （　　）不是创业团队组建的基本原则。

　　A. 目标明确合理　　　　　　B. 精简高效

　　C. 盲目激进　　　　　　　　D. 优势互补

3. 在创业团队组建中，（　　）是在对创业目标进行具体分解的基础上，以团队为整体来考虑的计划，它确定了在不同的创业阶段需要完成的阶段性任务，通过逐步完成这些阶段性任务来最终实现创业目标。

　　A. 明确创业目标　　　　　　B. 创业计划

　　C. 职权划分　　　　　　　　D. 团队的调整融合

4. 创业团队的制度体系应以（　　）的书面形式确定下来，以免带来不必要的混乱。

　　A. 具体化　　　　　　　　　B. 法律化

　　C. 整洁化　　　　　　　　　D. 规范化

5. 处于创业过程中，面临的（　　）是动态复杂的，会不断出现新的问题，团队成员可能不断出现更换，因此创业团队成员的职权也应根据需要动态调整。

　　A. 创业环境　　　　　　　　B. 外部环境

　　C. 内部环境　　　　　　　　D. 集体环境

6. 天使投资是一种概念，天使投资一词源于纽约百老汇，原来特指富人出资资助一些具有社会意义演出的公益行为。下面不属于天使资本来源的是（　　）。

A. 曾经的创业者　　　　　　　B. 传统意义上的富翁

C. 经济发展较好的国家企业单位　　D. 大型高科技公司或跨国公司的高级管理者

7. 通过国内的融资渠道所获得的发展资金可以分为（　　）两大类。

A. 流动资金和固定资金　　　　B. 资本金和债务资金

C. 有形资金和无形资金　　　　D. 递延资金和债务资金

8. 股权融资吸纳的是股权投资人的权益资本。私募股权投资人的权益资本通常采取的融资策略不包括（　　）。

A. 联合投资　　　　　　　　　B. 分段投资

C. 匹配投资　　　　　　　　　D. 专项投资

二、简答题

1. 创业融资的渠道主要有哪些？

2. 天使投资与风险投资有什么不同？

3. 简述团队组建的主要影响因素。

4. 如何制定有效的团队激励机制？

三、分析题

托马斯与爱德华合伙开办了一家公司，在签订协议时，双方约定各出资50%，股份各占50%，由托马斯负责行政和财务。公司除了正常运转之外，也进行一些计算机培训方面的经营，当然培训由托马斯来负责。刚开始，双方合作得挺愉快，并且公司的业务也十分喜人。然而就在公司开办之后不久，托马斯突然提出要增加10%的"技术股"，并且今后对员工、学员进行技术培训时，培训费归自己所有。

面对托马斯的无理取闹，爱德华拿出当初的协议与之理论，然而托马斯仍不以为然，并以拒绝继续提供技术相要挟。在协商无效的情况下，爱德华将托马斯告上了法庭。最终托马斯不仅没得到10%的股权，反而被判处了一定的罚金。事后，爱德华又另找了一个技术人员重新开办了新的公司，业务蒸蒸日上。

请结合以上案例，谈谈你对创业合伙经营的看法和建议。

创新创业的实际操作

学习目标

知识目标

- 熟悉创新创业计划书的基本构成。
- 了解不同类型企业组织形式的差异。
- 了解国家鼓励大学生创新创业的政策法规。

能力目标

- 能够撰写一份规范的创新创业计划书。
- 能够根据实际情况选择企业的组织形式。
- 熟悉大学生创新创业优惠政策。

第一节 编制创新创业计划书

引 例

1983 年，美国得克萨斯州大学奥斯汀分校的两位 MBA 学生，参照模拟法庭的形式，举办了一次创业计划书竞赛，目的是演练企业策划过程。当他们历经千辛万苦，终于成功举办了世界上第一次创业计划书竞赛时，也因此得到了风险投资家的关注。从此，越来越多的创业基金、风险投资基金、律师事务所、会计师事务所和投资咨询公司也都参与到这类活动中来。

我国首届"挑战杯"大学生创业计划书竞赛是于 1999 年 2 月 10 日在清华大学举办

的。在这次大赛中，收到了全国 120 所高校的 400 件作品，其中"美视乐"团队就是在这次竞赛中获得了上海第一百货股份有限公司的 5250 万元风险投资，成为中国大学生创业获得风险投资的第一例。（引自李伟，张世辉《创新创业教程》）

一、创新创业计划书的概念和作用

1. 创新创业计划书的概念

创新创业计划书是细化了的创业构想，它是创业者将拟创企业的组织形式、创业项目、运营业务、资金规划、阶段目标、营销策略、财务预估、风险评估、发展规划等一切创业涵盖的内容整理而成的商业文本。一份好的创新创业计划书是创业者顺利实施创业项目的操作指南。

对大学生创业者而言，一旦有了创业构想并下决心实施自己的创业计划，应该具有及早地撰写创新创业计划书的意识，这对于成功创业很有必要。

2. 创新创业计划书的作用

创新创业计划书的作用主要体现在以下几个方面。

一是在撰写创新创业计划书时，将脑海中的思路提取出来落实到纸面上，会使创业者更加清楚自己要做什么、要做到什么程度。

二是一份完整的创新创业计划书可以起到"创业宣言书"或"战斗檄文"的作用，让创业者明确创业目标，增强创业信心，激发创业干劲。

三是作为企业内部交流和创业合作的蓝本，创新创业计划书可以凝聚创业团队的精神，统一创业团队的思想，促进创业团队的稳定。

四是创新创业计划书描绘的宏伟蓝图具有较强的说服力，可以说服他人合伙、入股加盟到创业团队之中。

五是思路新颖、前景广阔的创新创业计划书可以成为创业者叩响投资者大门的"敲门砖"，从而筹集到创业资金。

二、创新创业计划书撰写原则及内容

如何撰写创新创业计划书呢？创新创业计划书的撰写格式取决于阅读对象，针对不同的阅读对象，可以采用不同的撰写格式。如果创业者已经建立了良好的创业团队，并选取了适合企业发展的法律组织形式，那么，创新创业计划书给创业团队内部人看，它所起到的作用是创业团队的精神支柱与行动指南；反之，如果创新创业计划书是为了给合伙人、入股者或投资者看，就要有针对性地突出让对方感兴趣的内容。下面从吸引合伙人或筹措资金的角度，介绍创新创业计划书的撰写原则及内容。

1. 创新创业计划书的撰写原则

一是要开门见山，打动人心。要开门见山地切入主题，用真实、简洁的语言描述你的想法，不要浪费时间去讲与主题无关的内容，并要表现语言吸引力，展现领导才能。

二是注意细节，自信诚恳。尽可能地收集更多资料，对于市场前景、竞争优势、回报分析等要从多角度加以分析和总结，对于可能出现的困难或问题要有足够的认识和预估，帮助投资者强化项目可行性认识。

三是脉络清楚，条理分明。尽可能按照如何实现营业循环和盈利来设计创新创业计划书，使之条理清楚。投资者往往会在创新创业计划书看了一半的时候，提问前面或后面的问题，甚至是没有想到的新问题。如果没有成熟的思考脉络，很可能无言以对。具体来说，撰写创新创业计划书有"6C"原则，如图4-1所示。

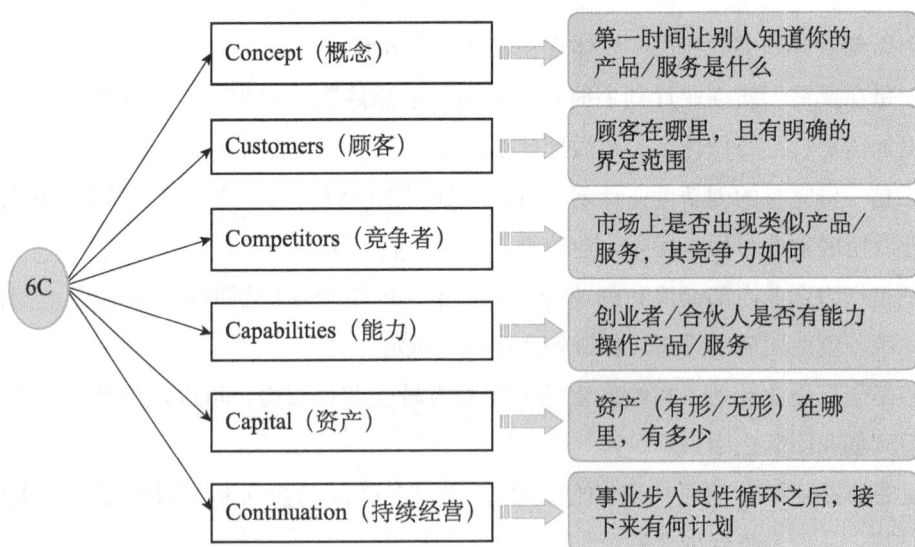

图4-1　撰写创新创业计划书的"6C"原则

2. 创新创业计划书的基本内容

创新创业计划书是整个创业过程的灵魂，它几乎涵盖了创业的全部内容。一份切实可行的计划书可以指引创业者走向成功，相反，一份漏洞百出的计划书也足以令创业者走向毁灭。图4-1列出了撰写创新创业计划书的一般原则，在这些原则下，又可以细分为若干内容。同时，根据不同的目的，计划书的写作重点也略有不同。一般而言，创新创业计划书必须涵盖如表 4-1 所示的内容。

表 4-1　创新创业计划书的基本内容

项目	基本内容
创业者及目标	重点介绍创业者的性格特征、专长及取得的成绩，创业所要达成的目标
公司描述	公司所属行业，主要产品/服务，公司宗旨，发展策略等
产品/服务	产品/服务的基本信息、独特优势、目前处于何种阶段、未来预测等
市场分析	产品所属市场的状况、产品竞争格局、饱和度、产品市场定位等
营销策略	公司用何种方式打开市场，营销队伍的建设和管理，促销、广告策略等
风险管理	公司可能面临的各种风险（如竞争风险、不可抗风险）及其应对措施
资本结构	目前资金的筹备和使用情况，公司融资方、资本结构等
公司地点	倘若开店经营，选址非常重要，须对周边情况进行系统分析和调查
团队管理	重点介绍团队成员的特长、职务，企业组织结构
财务管理	一般是对创业前三年的财务情况进行分析、预测
发展前景	公司在经过初步发展之后，下一步该如何实现可持续发展

表 4-1 基本上涵盖了创业过程的全部环节。当然，这些环节具体该如何操作？怎样才能把计划书制作得更为全面、更加切实可行？显然不是一个简单的表格所能表达的。在创业过程中，如果没有统筹规划，没有想清楚企业应该如何定位，将来如何发展，而是走一步看一步，一味迎合短期市场需求，迟早都会被市场淘汰。

小资料

行业分析工具——波特"五力"模型

"五力"模型是迈克尔·波特（Michael Porter）于 20 世纪 80 年代初提出的，可对企业战略制定产生全球性的深远影响。该模型用于竞争战略的分析，可以有效分析客户竞争环境。其中，"五力"是指供应商的议价能力、购买者的议价能力、潜在竞争者进入的能力、替代品的替代能力、行业内竞争者现有竞争能力，如图 4-2 所示。

3. 创新创业计划书的内容要点

创新创业计划书须用极简短的篇幅讲清楚产品或服务的相关问题，因此，必须含有以下要点。

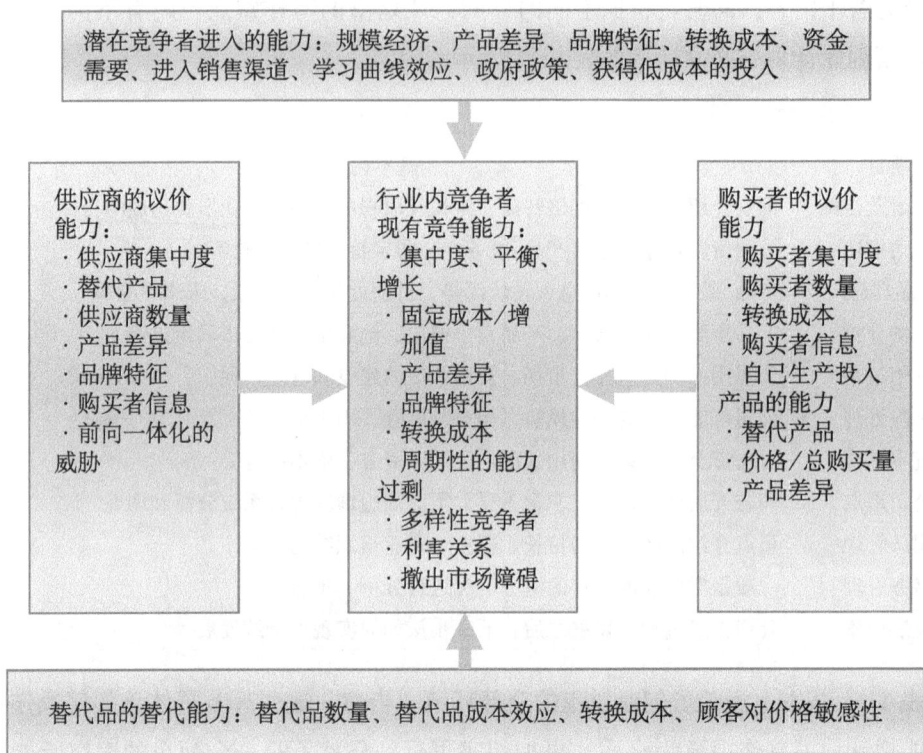

图4-2 "五力"模型

（1）关于产品/服务的描述。

目标市场：为谁提供产品或服务？

产品定义：产品是什么？属于什么品类？

核心产品：产品或服务提供哪些核心利益？满足哪些需求？

产品描述：产品形体如何？有哪些功能？为顾客提供哪些价值？

产品创新：与市场已有产品或服务有什么差异？

竞争优势：与市场同类产品或替代产品相比有什么优势？

技术含量：产品技术是否先进和成熟？

产品生产：哪些是由自己生产？哪些通过外包或策略联盟生产？

（2）关于营销策略。

产品策略：设计产品组合（产品种类、花色、规格等）和产品包装（品牌名称、标志、图案、颜色、材料、标签等）。

价格策略：分析成本构成、竞争价格、购买力，制定产品价格组合。

渠道策略：选择将产品打入市场的渠道方式，制定进入渠道的策略和方法，估计进入渠道的成本。

促销策略：选择广告方式、公关方式、人员推销方式、销售促进手段。

（3）风险管理。

风险识别：分析创业过程中可能出现的风险种类和风险产生原因。

风险分析：分析各类风险出现的可能性，以及风险所造成的影响。

风险应对：制定防范各类风险的措施和风险出现后的应对措施。

（4）团队管理。

组织结构：确定部门分工协作方式，描述部门的职能及其所扮演的角色，绘制公司的整体组织结构图。

人力资源管理：设计各个部门岗位，制定岗位之间的分工协作方式，设计人员招聘和配置方式，制定关键绩效考核标准和方式，制定企业拟采取的主要激励手段（员工薪酬、福利、股权、个人发展等制度）。

创业团队展示：人员构成（学历、专业、专长、经历、行业经验、行业认识水平、创业者特质等）。

（5）财务管理。

经营业绩预测：预测未来销售量、销售额、利润、成本及费用支出、融资及投资方向和额度等。

财务报表：在经营预测的基础上编制未来 3～5 年的利润分配表、资产负债表和现金流量表。

对财务报表进行分析：给出关键财务指标数据，如销售利润率、资产负债率、投资回报率、盈亏平衡点等。

融资说明：说明融资额度、融资方式和条件、融资后的股权结构、投资回报方式和预计回报额度。

投资说明：说明资金使用的项目、额度预算以及资金使用的控制和监督机制。

小资料

常用的促销工具可参考表 4-2。

表 4-2 常用的促销工具

广告	公关关系	人员推销	销售促进	直接营销
印刷和电台广告	报刊稿子	推销展示陈说	竞赛、游戏	目录
外包装广告	演讲	销售会议	兑奖	邮购
包装中插入物	研讨会	奖励节目	彩票	电话营销

续表

广告	公关关系	人员推销	销售促进	直接营销
电影画面	年度报告	样品	赠品	电子购买
简订本和小册子	慈善捐款	交易会和展销会	样品	电视购买
招贴和传单	捐赠		交易会和展销会	传真邮购
工商名录	出版物		展览会	电子信箱
广告复制品	关系		示范表演	音控邮购
广告牌	游说		赠券	
陈列广告	确认媒体		回扣	
销售点陈列	公司杂志		低息融资	
视听材料	事件		款待	
标记和标识语			折让交易	

三、创新创业计划书撰写

第一阶段：细化创新创业计划，初步提出计划构想。

第二阶段：市场调查。了解整个行业的市场状况，如产品价格、销售渠道、客户分布以及市场发展变化趋势等因素。进行一些问卷调查，在必要时也可以求助于市场调查公司。

第三阶段：竞争者调查。确定潜在竞争对手并分析本行业竞争方向。分销问题如何？形成战略伙伴的可能性有多大？谁是潜在盟友？准备一份一到两页的竞争者调查小结。

第四阶段：财务分析，包括公司价值评估。量化本公司的收入目标和公司战略，详细而精确地考虑实现公司所需的资金。

第五阶段：创新创业计划书的撰写与修改。根据所收集到的信息，制订公司未来的发展战略，完成整个创新创业计划书的撰写。在撰写完创新创业计划书以后，可以进一步论证计划的可行性，并根据信息的积累和市场的变化不断完善整个计划。

四、创新创业计划书撰写和展示技巧

一份引人注目的创新创业计划书，能在有机会的时候展示出它的魅力，能打动外部投资人，是创业者应做的基本准备之一。

1. 创新创业计划书的包装

（1）封面。一个好的封面会使阅读者产生最初的好感，形成良好的第一印象。因此，封面的设计要有一定的审美艺术性，最好具有与众不同的独特性。封面的色彩要醒目，封面纸应坚挺，在封面印有公司的名称、地址、联系电话和计划书撰写的日期。

（2）打印稿。计划书须打印成正规的计划书文本，打印稿要文本工整、字迹清晰，有时为了醒目也可选用彩纸，但不宜给对方留下刺激性的视觉印象，也可以在每项内容的首页用彩纸，或每项内容的标题以醒目颜色打印。

（3）图标和图形。在计划书中，可增加一些图标或表格来直接说明。一般来说，应采用高品质的图标和图形。但需要注意的是，条形图没有表格的内容显示清晰。此外，也可采用部分产品图片和说明书，但只能作为计划书的附件，且要保证质量。

（4）剪报。剪报不是计划书必不可少的内容，剪报要少而精，但如果有高质量的关于公司及产品的报纸文章，可能会更吸引人。

2. 计划书的最佳篇幅

创新创业计划书的最佳篇幅是多少，并没有一个明确的页数，但有一些规律可以遵循。

（1）一般计划书的篇幅在 15～30 页，对大部分企业来说，20 页已经足够了。但如果这份计划书是为了公司内部使用，则可以到 40 页或更长。

（2）如果创业者开设的是一家小型、简单的企业，计划书最好不要超过 15 页，但不到 10 页会显得有些单薄。

3. 计划书中应注意的问题

创新创业计划书是吸引投资者的第一张名片，在初次撰写的时候，一定要写得真实、完美、动人。其中有一些问题需要注意。

（1）计划书应层次清晰、主次分明，方便投资者抓住文章的重点，有一个清楚的头绪。

（2）计划书不要过于强调技术。投资者不是技术专家，技术是创业的一方面，更重要的是创业者怎样将技术用起来，也就是企业的商业模式。

（3）计划书要体现团队和个人价值，创业团队价值往往是创业能否成功的关键。

（4）计划书中的数据一定要准确，前后一致。

（5）对创业公司自身和投资人应有不同的创业计划书文本。

（6）不要轻视现金流。大多数创业者的焦点都在利润方面，而不是现金。创业支出的并不是经营利润，而都是现金，所以，了解现金流至关重要。

（7）商业创意。很少有成功的企业是完全基于全新的商业思路，一个新的商业创意往往比现有的产品更难实现好的销量。所以，不要对自己的商业创意估价过高。

4. 展示你的创业计划

当创业者有机会向投资者介绍自己的创新创业计划书时，演讲人的动作、表情、语言及幻灯片的制作水平都直接影响投资者对创业者的评价。

首先要做好演讲准备，要严格控制时间。一般来说，一次演讲往往只有 20～30 分钟，演讲人要抓住演讲的重点。因为时间有限，演讲人还要尽可能全面诠释计划书，必须有的放矢，尽量展现重点，使演讲生动有趣、充满激情。

其次是幻灯片的制作。一些专家建议在制作幻灯片时遵循 6—6—6 法则，即每行不要超过 6 个单词，每页不超过 6 行，连续 6 张纯文字幻灯片之后需要一个视觉停顿（采用带有图、表、插图的幻灯片）。一般 20～30 分钟的演讲最多不超过 12 张幻灯片。

小资料

乔布斯在斯坦福大学 2005 年毕业典礼上说：我很清楚唯一使我一直走下去的，就是我做的事情令我无比钟爱。你需要去找到你所爱的东西。对于工作是如此，对于你的爱人也是如此。你的工作将会占据生活中很大的一部分。你只有相信自己所做的是伟大的工作，你才能怡然自得。如果你现在还没有找到，那么继续找，不要停下来，只要全心全意地去找，在你找到的时候，你的心会告诉你的。

乔布斯是世界舞台上最具沟通魅力的大师级人物，他登台演讲时，总是充满激情，看起来似乎有无穷无尽的精力，而很多投资家和基金都很看重创业者的激情。（引自新浪微博《乔布斯在斯坦福大学 2005 年毕业典礼上演讲》）

延伸阅读

打造完美创业计划书

对于早期融资的项目，一份好的创业计划书就是一个不超过 10 页的 PPT。

第一页，用几句话清楚地说明目前市场中存在的空白点，或者存在什么问题，以及这个问题有多严重。比如，现在网游市场里盗号严重，若有一个产品能解决这个问题，只需要一句话说清楚就可以。

第二页，有什么样的解决方案，或者什么样的产品，能够解决什么问题，提供怎样的功能。

第三页，产品将面对的用户群是哪些？做出用户群划分。

第四页，竞争力说明。为什么能做这件事？是因为有更多的免费带宽，还是存储免费？这只是个比方。否则如果这件事谁都能干，为什么要投资给你？你有什么特别的核心竞争力？有什么与众不同的地方？所以，关键不在于所干事情的大小，而在于你能比别人干得好，与别人干得不一样。

第五页，再论证一下这个市场有多大，你认为市场的未来是怎样的。

第六页，说明你将如何挣钱。如果真的不知道怎么挣钱，你可以不说，可以老老实实地说，我不知道这个怎么挣钱，但是中国一亿用户会用，如果有一亿人用，我觉得肯定有它的价值。想不清楚如何挣钱没有关系，投资人比你有经验，告诉他你的产品多有价值就行。

第七页，再用简单的几句话告诉投资人，这个市场里有没有其他人在干，具体情况是怎样。不要说"我这个想法前无古人后无来者"这样的话，投资人一听这话就要打个问号。有其他人在做同样的事不可怕，重要的是你能不能对这个产业和行业有一个基本了解和客观认识。要说实话、干实事，可以进行一些简单的优劣分析。

第八页，突出自己的亮点。只要有一点比对方亮就行。刚出来的产品肯定有很多问题，说明你的优点在哪里。

第九页，倒数第二张纸做财务分析，可以简单一些。不要预算未来三年挣多少钱，没人会信。说说未来一年或者六个月需要多少钱，用这些钱干什么。

第十页，最后，如果别人还愿意听下去，介绍一下自己的团队，团队成员的优秀之处，以及自己做过什么。

一个包含以上内容的计划书，就是一份非常好的创业计划书了。做创业计划书就是说大实话。怎么想的就怎么说，用最朴素、最明了的语言，说出你的行动计划，说出第一步准备干什么。（引自 www. cyzone. cn）

第二节　创新创业企业组织

——引例——

当你手里有一笔钱，就想投资创业当老板。投资什么产业，取决于市场以及对行业的熟悉程度。以哪种形式办企业？不同的企业组织形式，有不同的法律规定，各自的特点不同，承担的责任也不同，如果不加考虑而随意选择，则可能导致严重的后果。

有些大学生在初创业时，觉得个人独资企业经营上制约因素少，手续简单，而且税收方面只需要缴纳个人所得税，而不须缴纳企业所得税，所以选择个人独资企业作为创业的组织形式。但个人独资企业也存在无法回避的劣势，主要是由个人负无限财产责任。当企业资产不足以清偿企业债务时，法律规定企业主不是以投资企业的财产为限，而是要用企业主个人的其他财产来清偿债务。也就是说，一旦经营失败，企业主就有可能倾家荡产。怎样选择一个合适的企业组织形式呢？是不是有限公司一定比无限公司好？合伙企业一定比独资企业好？独资企业一定比个体工商户好？其实各种不同的企业组织形式各有千秋。要选择一种最适合自己创业的企业组织形式并非易事，要考虑很多方面。（引自 http：//ma-jian. cn. blog. 163. com）

　　企业是指依法设立的以营利为目的，从事生产经营活动的独立核算经济组织。企业最常见的组织形式包括个体工商户、个人独资企业、合伙制企业、有限责任公司、股份有限公司等。由于每种企业组织形式都有自身的优点和缺点，因此创业者必须考虑企业组织形式的法律规定及相互之间的对比，在此基础上甄选出最合适的企业组织形式。

一、个人独资企业

　　个人独资企业是指个人出资经营、归个人所有和控制、由个人承担经营风险和享有全部经营收益的企业。个人独资企业有无限的经济责任，破产时借方可以扣留企业主个人财产。

　　个人独资企业是最古老、最简单的企业组织形式。个人独资企业建立与解散程序简单，经营管理灵活自由，企业主可以完全根据个人的意志确定经营策略，进行管理决策。个人独资企业是我国民营企业主要的企业组织形式，主要盛行于零售业、手工业、农业、林业、渔业、服务业和家庭作坊等。个人独资企业有如下优点。

　　（1）企业资产所有权、控制权、经营权、收益权高度统一。这有利于保守与企业经营和发展有关的秘密，有利于发挥企业主个人创业精神。

　　（2）企业主自负盈亏和对企业的债务负无限责任是硬预算约束。企业经营好坏同企业主个人的经济利益乃至身家性命紧密相连，因此，企业主会尽心竭力地把企业经营好。

　　（3）企业外部法律法规等对企业的经营管理、决策、进入与退出、设立与破产的制约较小。

　　相比其他企业组织形式，个人独资企业也有以下不足。

　　（1）难以筹集大量资金。一个人的资金终归有限，以个人名义借贷款难度较大。因此，个人独资企业限制了企业的扩展和大规模经营。

（2）投资者风险巨大。企业主对企业负无限责任，在硬化了企业预算约束的同时，也带来了企业主承担风险过大的问题，从而限制了企业主向风险较大的部门或领域进行投资的活动。这对新兴产业的形成和发展极为不利。

（3）企业连续性差。企业所有权和经营权高度统一的产权结构，虽然使企业拥有充分的自主权，但这也意味着企业是自然人的企业，企业主的病、死，其个人及家属知识和能力的缺乏，都可能导致企业破产。

（4）企业内部的基本关系是雇用劳动关系，劳资双方利益目标的差异，构成企业内部组织效率的潜在危险。

个人独资企业与个体工商户有本质区别。个体工商户是指有经营能力并依照《个体工商户条例》的规定经工商行政管理部门登记，从事工商业经营的公民或家庭。个体工商户是个体工商业经济在法律上的表现，具有以下特征。

（1）个体工商户是从事工商业经营的自然人或家庭。根据法律和有关政策，可以申请个体工商户经营的主要是城镇待业青年、社会闲散人员和农村村民，国家机关干部和企事业单位职工不能申请从事个体工商业经营。

（2）自然人从事个体工商业经营必须依法核准登记。个体工商户的登记机关是县以上工商行政管理机关。个体工商户经核准登记，取得营业执照后，才可以开始经营。个体工商户转业、合并、歇业、变更登记事项，也应办理登记手续。

（3）个体工商户只能经营法律、政策允许个体经营的行业。

根据《个体工商户条例》《个人独资企业法》的有关规定，个体工商户与个人独资企业有如下异同点。

相同点：一是承担无限民事责任；二是以个人财产承担民事责任或以家庭财产承担民事责任；三是以一个自然人名义投资成立，该自然人是完全民事责任能力人。

不同点：一是个体工商户的从业人数有限制，包括经营者本人、请帮手和带学徒等的雇工人员不得超过8人；个人独资企业没有从业人数限制，既可以只有投资人个人进行经营，也可以雇工超过8人。二是个体工商户可以临时经营、季节性经营、流动经营和没有固定门面的摆摊经营，但不得登记为个人独资企业。三是个人独资企业可以设立分支机构，但个体工商户不行。四是个人独资企业可以变更投资人姓名，而个体工商户只有在家庭经营的组成形式下才能变更经营者姓名，而且必须是家庭成员。

二、合伙企业

《中华人民共和国合伙企业法》第二条规定："本法所称合伙企业，是指自然人、法人和其他组织依照本法在中国境内设立的普通合伙企业和有限合伙企业。"由此可见，合伙企业的合伙人不一定是自然人，也可以是企业。我国合伙组织形式限于私营企业，其包括普通合伙企业和有限合伙企业。合伙企业可以由部分合伙人经营，其他合伙人仅出资并共负盈亏，也可以由所有合伙人共同经营。

普通合伙企业由 2 人以上普通合伙人（没有上限规定）组成，合伙人对合伙企业债务承担无限连带责任。有限合伙企业由 2 人以上 50 人以下的普通合伙人和有限合伙人组成，其中普通合伙人至少有 1 人，当有限合伙企业只剩下普通合伙人时，应当转为普通合伙企业；如果只剩下有限合伙人时，应当解散。

合伙企业具有以下特点。

（1）生命有限。合伙企业比较容易设立和解散。合伙人签订了合伙协议，就宣告合伙企业的成立。新合伙人加入，旧合伙人退伙、死亡、自愿清算、破产清算等均可造成原合伙企业的解散，以及新合伙企业的成立。

（2）责任无限。合伙企业作为一个整体对债权人承担无限责任。按照合伙人对合伙企业的责任，合伙企业可分为普通合伙和有限合伙。普通合伙企业的合伙人均为普通合伙人，对合伙企业的债务承担无限连带责任。例如，甲、乙、丙 3 人成立的合伙企业破产后，当甲、乙已无个人资产抵偿企业所欠债务时，虽然丙已依约还清应分摊的债务，但仍有义务用其个人财产为甲、乙两人付清所欠应分摊的合伙债务。当然，丙对甲、乙拥有财产追索权。有限合伙企业由一个或几个普通合伙人和一个或几个责任有限的合伙人组成，即合伙人中至少有一个人要对企业经营活动负无限责任，其他合伙人只能以其出资额为限对债务承担偿债责任，因而，这类合伙人一般不直接参与企业经营管理活动。

（3）相互代理。合伙企业的经营活动，由合伙人共同决定，合伙人有执行和监督的权利。合伙人可以推举负责人。合伙负责人和其他人员的经营活动，由全体合伙人承担民事责任。换言之，每个合伙人代表合伙企业所发生的经济行为，对所有合伙人均有约束力。因此，合伙人之间较易发生纠纷。

（4）财产共有。合伙人投入的财产，由合伙人统一管理和使用，不经其他合伙人同意，任何一位合伙人不得将合伙财产移为他用。只提供劳务、不提供资本的合伙人仅有权分享一部分利润，而无权分享合伙财产。

（5）利益共享。合伙企业在生产经营活动中所取得和积累的财产，归合伙人共有。如有亏损则亦由合伙人共同承担。损益分配的比例，应在合伙协议中明确规定。未经规定的可按合伙人出资比例分摊，或平均分摊。以劳务抵作资本的合伙人，除另有规定者外，一般不分摊损失。

三、有限责任公司

有限责任公司（又称有限公司）是指根据《中华人民共和国公司登记管理条例》规定登记注册，由50个以下的股东出资设立，每个股东以其所认缴的出资额对公司承担有限责任，公司法人以其全部资产对公司债务承担全部责任的经济组织。有限责任公司是现实经济活动中最常见、最大量的企业组织形式。有限责任公司的优势主要有以下三方面。

（1）出资方式灵活。设立有限责任公司的出资方式灵活，可以是现金，也可以是场地、实物、知识产权以及其他可以用货币评估作价的股权、债权等资产。

（2）股东有限责任。公司是企业法人，公司以自己所有的财产对公司债务承担责任，公司资产不足清偿债务时，依法破产清算，未偿还的债务，债权人不得要求股东偿还，股东仅以认缴的出资为限对公司负责。所以，只有公司的破产，没有股东的破产。

（3）股权转让相对自由，股东依法转让自己的股权，退出公司相对容易。但有限责任公司需要双重纳税，即公司盈利要上缴企业所得税，股东从公司获得的投资收益还要上缴个人所得税。有限责任公司不能公开发行股票，所以，公司筹集资金的范围和规模一般不会很大，难以适应大规模的生产经营需要，比较适合创办中小型企业。

有限责任公司根据股东人数不同，可以分为普通有限责任公司（股东两人以上）和一人有限责任公司。一人有限责任公司也简称"一人公司""独资公司"或"独股公司"，它是指由一名股东（自然人或法人）持有公司的全部出资的有限责任公司。一人有限责任公司有两个基本法律特征，一是股东人数唯一性，二是股东责任有限性。

一人有限责任公司与个人独资企业有以下区别：一是投资主体不同。一人有限责任公司的投资主体可以是自然人，也可以是法人；个人独资企业的投资主体只能是自然人。二是法律形式不同。一人有限责任公司属于法定的民事主体，具有法人资格；而个人独资企业属于非法人组织，不具有法人资格。一人有限责任公司的名称应该带有"有限责任公司"字样，而个人独资企业的名称则不能称公司。三是公司责任不同。一人有限责任公司以出资额为限负有限责任，而个人独资企业负无限责任。但如果一人有限责任公司股东将个人的私有财产和公司法人财产混淆不清，不能证明公司财产独立于股东自己的财产的，应当对公司债务承担连带责任。四是一人有限责任公司需要设立公司章程，提供独立的财务报表并接受每年度的财务审计。在税收上，个人独资企业只需要缴纳个人所得税，而一人有限责任公司则需要缴纳公司所得税和股东的个人所得税。《国务院关于个人独资企业和合伙企业征收所得税问题的通知》规定，个人独资企业和合伙企业从2000年1月1日起，停止征收企业所得税，比照个体工商户生产经营所得征收个人所得税。

四、股份有限公司

股份有限公司是指公司资本为股份所组成的公司，股东以其认购的股份为限对公司承担责任的企业法人。设立股份有限公司，应当有 2 人以上 200 人以下的发起人。由于股份公司均是负担有限责任的有限公司（但并非所有有限公司都是股份公司），所以一般合称"股份有限公司"。

表 4-3 比较了有限责任公司与股份有限公司的设立条件。

表 4-3　有限责任公司与股份有限公司的设立条件比较

	有限责任公司	股份有限公司
（1）法定人数	股东 50 人以下。国家授权投资的机构或者国家授权投资的部门可以单独投资设立国有独资的有限责任公司	发起人 2～200 人，其中须有过半数的发起人在中国境内有住所。国有企业改建为股份有限公司的，发起人可以少于 5 人，但应当采用募集设立方式
（2）公司章程	由股东共同制定，所有股东必须在章程上签名、盖章	发起人制定公司章程，并经创立大会通过
（3）名称和机构	在名称中标明有限责任公司字样。公司应设立股东会、董事会或执行董事、监事会或监事等组织机构	在名称中标明股份有限公司字样。发起设立的，发起人交付全部出资后，选举董事会和监事会；募集设立的，依法召开创立大会，选举董事会和监事会等
（4）场所和条件	有固定的生产经营场所和必要的生产经营条件	有固定的生产经营场所和必要的生产经营条件
（5）股份发行和筹办	不能公开发行股票	发起设立的，发起人应认购全部股份；募集设立的，发起人认购的股份不得少于股份总数的 35%，其余向社会公开募集

小资料

公司与企业的区别

公司是指依法定程序设立，以营利为目的的社团法人。企业泛指一切从事生产、流通或者服务活动，谋取经济利益的经济组织。公司是企业的一种形式，它也属于企业的范畴。企业不一定是公司，企业是一个大概念，除了公司外，还包含个人独资企业和合伙企业。

案例

苹果公司

美国著名的苹果公司所创造的"硅谷奇迹"是创业成功的典范。苹果公司的设立先后经历了以下过程。

（1）一人技术。沃兹尼亚克在1976年设计出了一款新型的个人电脑，样品苹果一号展出后大受欢迎，销售情况出乎意料的好。

（2）两人起步。沃兹尼亚克决定与中学时期的同学乔布斯一起创业，先进行小批量生产。他们卖掉旧汽车甚至个人计算机一共凑集了1400美元，但小小的资本根本不足以应对急速的发展。

（3）三人合伙。从英特尔公司销售经理职位上提前退休的百万富翁马库拉找到两个年轻人，他以多年驾驭市场的丰富经验和企业家特有的战略眼光敏锐地意识到未来个人电脑市场的巨大潜力。他决定与两位年轻人合作创办苹果电脑公司，经过与乔布斯和沃兹尼亚克共同讨论，制订出一份苹果电脑公司的经营计划书。马库拉又掏出9.1万美元入股，还争取到美洲银行25万美元的信用贷款，三个人合伙成立公司，马库拉占三分之一的股份。

（4）四人公司。三人共同带着苹果的经营计划，随后走访了马库拉认识的创业投资家，结果又筹集了60万美元的创业资金。为了加强经营管理，一个月后马库拉推荐了全美半导体制造商协会主任斯科特担任公司的总经理。1977年6月，四个人组成了公司的领导班子，马库拉任董事长，乔布斯任副董事长，斯科特任总经理，沃兹尼亚克是负责研究与发展的副经理。技术、资金、管理的结合产生了神奇的效果。

综上所述，沃兹尼亚克设计制造了苹果电脑，马库拉有商业上的敏感性，斯科特有丰富的生产管理经验，最终乔布斯以传教士式的执着精神推动了所有这一切。苹果电脑的创业成功是创业团队有效合作的结果。

第三节　用好创新创业政策与法规

引例

三年前，俊隆和文雄毕业于某城市职业学院计算机应用技术专业。大学期间，两人经常组织班里技术较好的同学开展IT志愿服务，也做一些与专业相关的兼职；三年下来，两人技术都有了长足的进步，也积累了不少经验。毕业前夕，他们谋划自主创业，在学校附近的繁华社区开一家信息技术服务公司，主要从事电脑组装与维修、网络日常维护、图片处理、音频视频制作、系统开发等服务。在了解创办公司的基本流程后，摆在眼前最迫切的问题是注册和启动资金5万元。由于家境并不宽裕，他们只好暂时搁浅创业计划，放弃9月新生入学挖到第一桶金的机会，各自到电脑城临时工作半年，以积累资金。半年后，两人的公司终于开业了，虽然错过了新生开学的最佳时期，但由于地理位置优越，生意很快有了起色。一年后，他们加盟一家连锁IT服务公司，并应加盟要求变更公司名称。加盟后，他们发现两个问题：一是由于公司名称和服务流程的变更，原来的品牌和口碑效应慢慢淡化，营业额下滑；二是原来公司开发的数字图像软件被连锁公司申请了专利。经过一番较量后，他们退出了连锁经营，丢失了专利权，资金损失也不小。经过两个月的重新筹备，他们恢复了原来的公司和经营模式……

俊隆和文雄在回顾创业经过的时候，认为对大学生创业优惠政策缺乏了解、知识产权维护意识薄弱、创业风险预见能力和规避能力不足等因素，导致他们在创业过程中走了不少弯路。在他们的创业过程中有没有更合理的路径？本节将很好地解答这个问题。

一、找到创业方向

政府出台支持创业的政策，都带有政策导向意义，牵涉到社会利益的调整、产业发展方向、政府规划与目标等，其中也可能蕴含着千载难逢的巨大商机。政策就是信息，而信息会带来商机，商机会产生利润。注意关心政策变化，对政策含义和趋势有一种清醒的认识，可以把商机转化为财富，在大方向上保持领先一步发展。

很多创业者一开始就将目光聚焦到资金筹集、项目拓展等问题上，很少关注国家在创业方面的相关政策，认为政策研究是"假、大、空"，没有现实意义。实则不然，对一个创业者来说，大到国家领导人的更迭，小到一个乡镇芝麻小官的去留，都可能会对自己创业成败有影响。例如，在政策方面，国家的鼓励和限制政策对创业方向选择有莫大的影响。如果创业方向选择了政策层面上限制、淘汰的行业，则可能会鸡飞蛋打，失败便可想而知。若创业方向能够朝着国家鼓励的层面努力，则可能事半功倍。

近年来，为鼓励和扶持高校毕业生创业，各级政府出台了许多优惠政策，涉及融资、开业、税收、创业培训、创业指导等诸多方面。对打算创新创业的大学生来说，了解政策，对走好创业的第一步起着关键作用。

案例

得益创业政策，零首付注册百万元公司

23岁的宋程鹏从西华大学广告专业毕业后，捉摸着自己创业。他养过狗，做过药品经营，但都以失败告终。2014年9月，他开设了一家卖馒头、点心的小店，因为经营得当，现在已经在成都开设了5家连锁店。

2015年3月，宋程鹏拿到了自己新注册公司的营业执照，注册资本为100万元。而办这个营业执照时，他没有拿出任何的注册资金。宋程鹏说："这在以前是难以想象的，对于我们这些创业大学生来说非常实惠。"刚开始时，他并不了解这一政策，只是抱着试一试的想法去办证中心窗口询问。工作人员听说他是大学生创业后，就给了他正在推行的零首付注册。

据成都市工商局注册分局的工作人员介绍，高校毕业生开设有限责任公司，其注册资本在500万元以下的，可以实行零首付注册，工商部门会核发经营期限为6个月的营业执照，在这6个月内，公司需要到位注册资本的20%以上，其余注册资本自公司成立之日起2年内缴足。

二、了解创业政策

为引导大学生自主创业和灵活就业，国务院出台了《关于进一步做好普通高等学校毕业生就业工作的通知》（国发〔2011〕16号），其中规定：对于自主创业的高校毕业生，可以在注册登记、税费减免、贷款融资、创业服务等方面给予扶持。2013年，教育部高校学生司与全国高等学校学生信息咨询与就业指导中心联合发布了《国家鼓励普通高校毕业生自主创业政策公告》。2015年，国务院又出台了《国务院关于进一步做好新形势下就业创业工作的意见》（国发〔2015〕23号），提出了着力培育"大众创业、万众创新"新引擎。目前，国家鼓励和扶持大学生创业政策的主要内容如下。

1. 放宽准入条件，简化注册程序

（1）放宽准入条件，降低注册门槛。高校毕业生初创企业时，允许按行业特点放宽资金、人员准入条件，注册资金可分期到位。具体规定如下：在毕业后两年内自主创业，到创业实体所在地的工商部门办理营业执照，注册资金（本）在50万元以下的，允许分期到位，首期到位资金不低于注册资本的10%（出资额不低于3万元），1年内实缴注册资本追加到50%以上，余款可在3年内分期到位。另外，自主创业高校

毕业生按照相关规定可将家庭住所、租借房、临时商业用房等作为注册地点及创业经营场所。

（2）简化注册程序。凡高校毕业生（毕业两年内，下同）申请从事个体经营或申办私营企业的，可通过各级工商部门注册大厅"绿色通道"优先登记注册。经营范围除国家明令禁止的行业和商品外，一律放开核准经营。对限制性、专项性经营项目，允许边申请边补办专项审批手续。对在科技园区、高新技术园区、经济技术开发区等经济特区申请设立个私企业的，特事特办，除了涉及必须前置审批的项目外，试行"承诺登记制"。申请人提交登记申请书、验资报告等主要登记材料，可先予颁发营业执照，再在 3 个月内按规定补齐相关材料。凡申请设立有限责任公司，以高校毕业生的人力资本、智力成果、工业产权、非专利技术等无形资产作为投资的，允许抵充40％的注册资本。

【小提示】

高校毕业生在办理自主创业的有关注册手续时，除带齐规定的材料，提出有关申请外，还要带上大学毕业生就业推荐表、毕业证书等有关资料。

2. 实行税费减免优惠

（1）免征企业所得税。高校毕业生新办咨询业、信息业、技术服务业的企业或经营单位，经税务部门批准，免征企业所得税两年；新办从事交通运输、邮电通信的企业或经营单位，经税务部门批准，第一年免征企业所得税，第二年减半征收企业所得税；新办从事公用事业、商业、物资业、对外贸易业、旅游业、物流业、仓储业、居民服务业、饮食业、教育文化事业、卫生事业的企业或经营单位，经税务部门批准，免征企业所得税一年。

（2）免交行政事业性收费。除国家限制的行业外，毕业 2 年以内从事个体经营时，自在工商部门首次注册登记之日起 3 年内，可免交管理类、登记类和证照类等有关行政事业性收费；持《就业失业登记证》（注明"自主创业税收政策"或附着《高校毕业生自主创业证》）的高校毕业生在毕业年度内（指毕业所在自然年，即 1 月 1 日至 12 月 31 日）从事个体经营的，3 年内按每户每年 8000 元为限额享受有关税收优惠。

小资料

大学生自主创业享受优惠政策的凭证及其申领

大学生在校期间创业，可向所在高校申领《高校毕业生自主创业证》；离校后创业，可凭毕业证书直接向创业地县以上人社部门申请核发《就业失业登记证》，作为享受政策的凭证。

3. 享受融资扶持

为了帮助高校毕业生找到自主创业的"第一桶金"，政府规定各国有商业银行、股份制银行、城市商业银行和有条件的城市信用社要为自主创业的毕业生提供小额贷款，并简化程序，提供开户和结算便利；另外，视创业者所在地区的情况，设立"大学生创业资金"。

（1）优先贷款支持，适当发放信用贷款。加大高校毕业生自主创业贷款支持力度，对于能提供有效资产抵（质）押或优质客户担保的，金融机构优先给予信贷支持。对高校毕业生创业贷款，可由高校毕业生为借款主体，担保方可由其家庭（或直系亲属家庭成员）的稳定收入或有效资产提供相应的联合担保。对于资信良好、还款有保障的，在风险可控的基础上适当发放信用贷款。从事微利项目的，可享受不超过 10 万元贷款额度的财政贴息扶持；合伙经营和组织起来就业的，可根据实际需要适当提高贷款额度。

（2）简化贷款手续，提供利率优惠。一方面，通过简化贷款手续，合理确定授信贷款额度，一定期限内周转使用。另一方面，对创业贷款给予一定的优惠利率扶持，视贷款风险度不同，在法定贷款利率基础上可适当下浮或少上浮。

4. 提供培训和相关服务保障

（1）利用培训补贴以减轻资金压力。高校毕业生在整个毕业学年（即从毕业前一年 7 月 1 日起的 12 个月）内参加创业培训，根据其获得创业培训合格证书或就业、创业情况，按规定给予培训补贴，减轻创业资金压力。

（2）利用服务保障以解决后顾之忧。进入"高校学生科技创业实习基地"创办企业，可以享受减免 12 个月的房租、专业技术服务与咨询、相应的公共设施以及公共信息平台服务等优惠，提供免费查询人才、劳动力供求信息，免费发布招聘广告等服务。在办理自主创业行政审批事项时，可以通过"绿色通道"享受联合审批、一站式服务、限时办结和承诺服务等。大部分城市取消了高校毕业生落户限制，允许包括专科生在内的高校毕业生在创业地办理落户手续（直辖市按有关规定执行）；申报灵活就业的高校毕业生，各级人才服务机构按规定提供人事、劳动保障代理服务，做好社会保险关系接续工作，免费为自主创业毕业生保管人事档案（包括代办社保、职称、档案工资等有关手续）2 年。为涉世未深的大学生创业者解除了后顾之忧，有助于企业运作快速走上正轨。

案 例

多地对大学生创新创业有补贴政策

很多地方对大学生毕业创业实行补贴政策。比如，大学生到孵化器创业，房租、上网费在一定时间内可以减免，甚至可以获得一定数量的资金支持。

广东省安排了 25 亿元用于创业补贴，浙江省发放了 1 亿元科技创新券，四川省建立首期为 2 亿元创新创业的补助，这些很大程度上都是针对刚毕业大学生创新创业。

为了支持大学生创新创业，天津推出多个政策"红包"。放宽企业注册资本登记条件，高校毕业生创办企业首次出资额允许为零。允许在校大学生利用弹性学制休学创业，可视为参加实践教育，并计学分。大学生创业且租赁房屋的，据实给予补贴，最高不超过每月 1800 元，补助期为 2 年。

大连市出台的《关于实施服务业优先发展战略的若干意见》中提到，创造尊重人才、有利于人才脱颖而出的社会环境，提高人力资源服务水平，鼓励大众创业和万众创新，推进大连建立起与国际接轨的专业化生产性服务业体系。（引自中国新闻网）

三、了解与创业相关的法律法规

在法治社会的背景下，创新创业活动离不开法律，如何给员工上保险？如何为企业的财产规避风险？大学生创办企业的主要税种有哪些？在创业过程中如何注意避免知识产权纠纷？……如果创业者不懂得法律或者不重视法律，不但可能陷入违法的深渊，也无法很好地保护自身权益。下面介绍的是创业中应了解的基本法律法规。

1. 关于设立企业的相关法律知识

设立企业从事经营活动，必须到工商行政管理部门办理登记手续，领取营业执照。如果从事特定行业的经营活动，还须事先取得相关主管部门的批准文件。根据《民法通则》《公司法》《合伙企业法》《外资企业法》《中外合资经营企业法》等法律的规定，企业的组织形式可以是股份有限公司、有限责任公司、合伙企业、个人独资企业，其中以有限责任公司最为常见。设立企业还需要了解《企业法人登记管理条例》《公司登记管理条例》等工商管理法规。设立特定行业的企业，还有必要了解有关开发区、高科技园区、软件园区（基地）等方面的法规和有关地方规定，这样有助于选择创业地点，以享受税收等优惠政策。

2. 出资相关法律

我国实行法定注册资本制，如果不以货币资金出资，而是以实物、知识产权等无形资产或股权债权出资，还需要了解有关出资、资产评估等法规。

3. 会计财务税收相关法律

企业设立后，税务登记需要会计人员处理，其中涉及税法和财务制度，需要了解企业需要缴纳哪些营业税、增值税、所得税等，还需要了解哪些支出可以进成本，开办费、固定资产怎么摊销等。

4. 劳动人事法规

开办企业需要聘用员工，其中涉及劳动法和社会保险问题，需要了解劳动合同、试用期、服务期、商业秘密、竞业禁止、工伤、养老金、住房公积金、医疗保险、失业保险等诸多规定。

5. 知识产权相关法律法规

处理知识产权问题，既不能侵犯别人的知识产权，又要建立自己的知识产权保护体系，需要了解著作权、商标、域名、商号、专利、技术秘密等方面的保护法规。

6. 日常运营中常用到的法律法规

在业务中还要了解《合同法》《担保法》《票据法》等基本民商事法律以及行业管理的法律法规。

以上简单列举了创业应了解的法律法规，也是一些通用知识，不管是创业者还是经营者，只需要对这些问题有基本的了解，专业问题须由律师处理。

小资料

广州市人力资源和社会保障局 广州市财政局关于印发
广州市创业带动就业补贴办法的通知

一、创业培训补贴
（一）补贴对象：在广州市内具有创业要求和培训意愿并具备一定创业条件的

城乡各类劳动者（含港澳台学生。非毕业学年内的在穗普通高等学校、职业学校、技工院校在校生除外）。

（二）补贴标准：到市人力资源社会保障行政部门认定的创业培训定点机构参加 SIYB 创业培训和创业模拟实训，并取得合格证书的，给予 SIYB 创业培训补贴 1000 元和创业模拟实训补贴 800 元。

二、一次性创业资助

（一）补贴对象：1. 在穗普通高等学校、职业学校、技工院校学生（在校及毕业 5 年内）；2. 出国（境）留学回国人员（领取毕业证 5 年内）；3. 复员转业退役军人；4. 登记失业人员；5. 就业困难人员。

（二）补贴标准：以上人员成功创业（在本市领取工商营业执照或其他法定注册登记手续，本人为法定代表人或主要负责人），正常经营 6 个月以上的，每户给予一次性创业资助 5000 元。

三、租金补贴

（一）补贴对象：1. 在穗普通高等学校、职业学校、技工院校学生（在校及毕业 5 年内）；2. 出国（境）留学回国人员（领取毕业证 5 年内）；3. 复员转业退役军人；4. 登记失业人员；5. 就业困难人员。

（二）补贴标准：在本市租用经营场地创办初创企业并担任法定代表人或主要负责人的，可申请租金补贴。租金补贴直接补助到所创办企业，每户每年 4000 元，累计不超过 3 年。

四、创业带动就业补贴

（一）补贴对象：同时符合以下条件的初创企业。1. 为招用人员连续缴纳 3 个月以上社会保险；2. 与招用人员签订 1 年以上劳动合同。

（二）补贴标准：按初创企业招用人数给予创业带动就业补贴，招用 3 人（含 3 人）以下的按每人 2000 元给予补贴；招用 3 人以上的每增加 1 人给予 3000 元补贴，每户企业补贴总额最高不超过 3 万元。

五、创业企业社会保险补贴

（一）补贴对象：1. 本市户籍登记失业人员；2. 本市户籍农村劳动力；3. 本市城镇复员转业军人。

（二）补贴标准：上述人员创办初创企业领取营业执照正常开展经营，并按规定参加社会保险的，依照"先缴后补"原则，按照养老、失业、工伤、医疗和生育保险缴费基数下限和缴费比例，给予累计不超过 3 年的社会保险补贴（个人缴费部分由个人承担）。

六、创业孵化补贴

（一）补贴对象：为创业者提供 1 年以上期限创业孵化服务（不含场租减免），并由市人力资源和社会保障行政部门认定的创业孵化基地。

（二）补贴标准：按实际孵化成功（在本市领取工商营业执照或其他法定注册登记手续）户数，按每户 3000 元标准给予创业孵化补贴。

七、示范性创业孵化基地补贴

（一）补贴对象：1. 新认定达到市级示范性创业孵化基地标准的创业孵化基地；2. 已认定经评估达标的市级创业孵化基地。

（二）补贴标准：对新认定的市级示范性创业孵化基地，认定后给予 10 万元补贴。认定后按规定参加评估并达标的，一次性给予 20 万元补贴。

八、优秀创业项目资助

（一）补贴对象：获得"赢在广州"创业大赛三等奖以上奖次或优胜奖，并于获奖之日起两年内在本市领取工商营业执照或其他法定注册登记手续的优秀创业项目。

（二）补贴标准：创业项目按以下标准给予一次性资助。1. 一等奖：20 万元；2. 二等奖：15 万元；3. 三等奖：10 万元；4. 优胜奖：5 万元。

九、创业项目征集补贴

（一）补贴对象：完成创业项目征集的单位及个人。

（二）补贴标准：面向全社会征集，经专家评审团评估认定后，纳入创业项目资源库的创业项目（连锁加盟类除外），按每个项目 2000 元标准给予申报者创业项目征集补贴。

十、创业项目对接及跟踪服务补贴

（一）补贴对象：各级公共就业创业服务机构。

（二）补贴标准：各级公共就业创业服务机构向创业者推介"广州市创业项目资源库"项目，并提供包括创业培训、创业补贴申领、营业执照办理等"一站式"创业指导服务，直至开业成功，给予对接及跟踪服务补贴 1000 元/个。

十一、其他

（一）本《通知》所指初创企业是指自本通知发布实施日期之前在我市登记注册 3 年内或公布实施日期之后注册的小微企业、个体工商户、民办非企业单位和农民专业合作社、家庭农场等。

（二）本《通知》自印发之日起实施，有效期 5 年，相关法律政策依据变化或有效期届满，依据实施情况依法评估修订。

广州市人力资源和社会保障局　广州市财政局

2015 年 11 月 5 日

（引自广州市人力资源和社会保障网）

单元小结

本单元以编制创新创业计划书、了解创新创业企业组织、用好创新创业政策与法律法规三个学习任务引导，帮助学生掌握创新创业计划书的撰写技能，根据自身实际情况选择创业企业的组织形式，同时，帮助学生了解国家鼓励大学生创新创业政策与相关法律法规。

单元练习

一、选择题（不定项）

1. 创业计划书撰写基本原则有（　　　）。

A. 开门见山，打动人心　　　　　　B. 注意细节

C. 自信诚恳　　　　　　　　　　　D. 脉络清楚，条理分明

2. 有限责任公司的风险承担者是（　　　）。

A. 经理　　　　　B. 主管　　　　　C. 股东　　　　　D. 员工

3. 下列属于法人企业的是（　　　）。

A. 合伙制企业　　　　　　　　　　B. 个人独资企业

C. 个人小卖店　　　　　　　　　　D. 股份公司

4. 按照企业组织形式的不同，可将企业分为（　　　）。

A. 公司制企业、合伙企业、独资企业　　B. 全民所有制企业、外资企业

C. 集体所有制企业、全民所有制企业　　D. 合伙企业、私营企业

5. 以下哪些行业类别在新办期间经税务部门批准可以免征企业所得税两年？（　　　）

A. 咨询业　　　　B. 信息业　　　　C. 技术服务业　　　D. 交通运输业

6. 大学生离校后自主创业享受优惠政策的凭证是（　　　）。

A. 高校毕业生就业推荐表　　　　　B. 高校毕业生自主创业证

C. 就业失业登记证　　　　　　　　D. 公司营业执照

二、简答题

1. 简述创业计划书的写作过程。

2. 个人独资企业与一人有限责任公司在税收方面的主要差别有哪些？

3. 国家鼓励和扶持大学生创业的政策主要有哪几方面？

三、分析题

当王红完成她的创业计划书时，她相信这能帮助自己获得创业中的现金资源。王

红正努力创建一家校园旅行社，想针对现在学校中学生的旅行提供服务。她的创业计划书有 5 个部分：企业介绍、市场分析、管理部分析、竞争分析、销售部分析。但风险投资拒绝了她。

1. 结合案例，你认为王红的计划书有哪些问题？
2. 请你以王红的身份写一份创业计划书。

组建创新创业企业

学习目标

知识目标

- 了解不同类型企业组织的设立步骤。
- 了解创新创业产品种类。
- 了解企业财务管理知识。
- 掌握网络营销技巧。

能力目标

- 能够依流程申请设立企业。
- 能够选择合适的创新创业产品。
- 能够合理制订公司财务计划。
- 能够使用各种网络营销工具。

第一节　创新创业企业设立

一、设立个体工商户

1. 设立步骤

设立个体工商户，一般要经过以下步骤。

第一步：办理名称预先登记。个体工商户可以不使用名称。个体工商户决定使用名称的，首先，在工商管理机构领取并填写《个体工商户名称预先核准申请书》，同时准备相关材料。其次，递交《个体工商户名称预先核准申请书》，等待名称核准结果。根据《个体工商户名称登记管理办法》的规定，个体工商户名称应由行政区划、字号、行业、组织形式依次组成，例如，行政区划（如：××区）＋字号（如：××）＋行业（如：商务服务）＋组织形式（如：中心）。名称中的行政区划是指个体工商户所在县（市）和市辖区名称。行政区划之后可以缀以个体工商户经营场所所在地的乡镇、街道或者行政村、社区、市场名称。经营者姓名可以作为个体工商户名称中的字号使用。个体工商户名称中的行业应当反映其主要经营活动内容或者经营特点。个体工商户名称组织形式可以选用"厂""店""馆""部""行""中心"等字样，但不得使用"企业""公司"和"农民专业合作社"字样。核准登记后，领取《个体工商户名称预先核准通知书》和《个体工商户开业登记申请书》。

第二步：递交申请材料，等候领取《准予个体工商户登记通知书》。

第三步：领取《准予个体工商户登记通知书》后，按照《准予个体工商户登记通知书》确定的日期，到工商行政管理局交费并领取营业执照。

2. 相关材料

个体工商户设立登记应提交的文件和证件如下。

（1）申请人身份证明。

（2）经营场所证明。

（3）《个体工商户开业登记申请书》。

（4）《个体工商户名称预先核准通知书》（未取字号名称的个体摊商不提交）。

（5）若经营范围涉及前置许可项目，须提交有关审批部门的批准文件。

二、创设个人独资企业

1. 设立步骤

设立个人独资企业，一般要经过以下步骤。

第一步：咨询后领取并填写《企业名称预先核准申请书》《指定（委托）书》，同时准备相关材料。

第二步：递交《企业名称预先核准申请书》，等待名称核准结果。

第三步：领取《企业名称预先核准通知书》和《个人独资企业设立登记申请书》；经营范围涉及前置审批的，办理相关审批手续。

第四步：递交申请材料，等待审核。

第五步：审核通过后，领取营业执照。

2. 相关材料

个人独资企业设立登记应提交的文件和证件如下。

（1）投资人身份证明。

（2）企业住所证明。

（3）《个人独资企业设立登记申请书》。

（4）《企业名称预先核准通知书》。

（5）《指定（委托）书》（投资人自己办理的，不必提交《指定（委托）书》）。

（6）《补充信息登记表》。

（7）经营范围涉及前置许可项目的，应提交有关审批部门的批准文件。

三、创设合伙企业

1. 设立步骤

设立合伙企业，一般要经过以下步骤。

第一步：领取并填写《企业名称预先核准申请书》《指定（委托）书》，并准备相关材料。

第二步：递交《企业名称预先核准申请书》，等待名称核准结果。

第三步：领取《企业名称预先核准通知书》和《合伙企业设立登记申请书》；经营范围涉及前置审批的，办理相关审批手续。

第四步：递交申请材料，等待审核。

第五步：审核通过后，领取营业执照。

2. 相关材料

合伙企业设立登记应提交的文件、证件包括：全体合伙人签署的《合伙企业设立登记申请书》《企业名称预先核准通知书》、全体合伙人身份证明、全体合伙人指定代表或者共同委托代理人的委托书、合伙协议、出资权属证明、经营场所证明、国务院工商行政管理部门规定提交的其他文件。法律、行政法规规定设立合伙企业须报经审批的，还应当提交有关批准文件。

为了避免经济纠纷，在合伙企业成立时，合伙人应首先订立合伙协议（又叫合伙契约，或叫合伙章程），其性质与公司章程相同，对所有合伙人均有法律效力。合伙协议一般包括以下内容：合伙企业名称，主要经营场所地点，合伙目的，合伙企业经营范围，合伙人的姓名及其住所，合伙人出资方式、数额和缴付出资期限，利润分配和亏损分担办法，合伙企业事务执行，入伙与退伙，合伙企业的解散与清算，违约责任，合伙企业经营期，合伙人争议解决方式等。

案 例

三个草根合伙创业的故事

1. 合伙团队的建立

李铭、王强、田光华三人在一家国有电力公司工作，成了要好的朋友。当李铭提出想要辞职创业时，王强、田光华举双手赞成。选择创业项目时，王强和田光华一致推荐由李铭做主决定，但是李铭坚决拒绝了。在李铭看来，创业是影响三个人一生事业前途的大事，需要大家共同决定。为此，三个人开了一次正式会议。李铭、田光华认为应该开水电行。王强想开电机行，经过李铭解释，王强放弃了原先想法。

2. 创业章程的制定

在制定公司章程的时候，王强曾认为这没有必要，但李铭认为，生意上的事马虎不得，一定要弄得一清二楚，千万不能为了生意上的事务纠缠不清，而损害了三个人多年的友情。他们找了公司法作参考，制定的公司章程主要有下列几点。

（1）公司分作三股，一股资金占四成，其余两股各占三成。因为公司一定要有个负责人，而负责人的工作不但重要，在资金上冒的险也要大些。

（2）头三年赚的钱，除了各人应领的薪水及年节奖金之外，不得额外支用，全部用于扩展业务之用。

（3）在三个人的事业中，不准任何人的太太参与经营，不能在公司担任实际职务。

（4）任何人不得私自任用私人，所有员工都必须经过考试才能录用。

3. 企业招聘背后的学问

水电行开业，工作辛苦而愉快。王强、田光华二人想帮李铭改善家庭收入，提出让李铭妻子来做会计，但被李铭坚决制止，认为公司章程决不能打破。公司确实需要人手，但李铭想用男员工，他认为王强、田光华两人都还没有结婚，如果雇用一个女孩子，很可能成为他们两个追求的对象，会有麻烦，影响合伙事业。假如只有一个人追求这个女孩子，问题也不简单，一旦追求成功结了婚，这个女孩子是不是还在公司里工作？虽然公司章程中有明文规定，任何人的太太不得在公司工作，可是她原来就是在公司里工作的，如果一结婚就让她辞掉工作，这是很不近人情的处理，很可能会因此伤了彼此感情。因此，李铭暗暗下了决心，王强、田光华两人没有结婚成家期间，公司里决不用女职员，免得在公司内部引起感情纠纷。

4. 企业调整——从说服到信服

公司业务扩大了，李铭相当看好电梯行业发展，便产生了代理电梯的新念头，可两位合伙人的反应并不热烈。为了说服两人，李铭先搜集有关电梯发展的资料，把他们顾虑的问题一一加以分析。李铭胸有成竹地说："干一行，学一行，我已经跟一家日商接过头，如果我们代理他们的产品，他们负责为我们训练技术人员。"两人知道他有了通盘的打算，就不再有异议。但李铭仍然不肯独自决断，关于派人到日本去学习电梯技术的事，仍跟两个人磋商。李铭是三个人中唯一会说日语的，而且一开始是他跟日商接头的，因此，三个人最后决定派李铭去日本。

李铭在临去日本之前，做了两项决定：一是他在日本的一切费用，由公司负责支付；二是他学的技术归公司所有，不管他们将来的电梯事业发展到何种程度，一切利益都由他们三个人分享，他不能以任何理由，独自发展电梯事业。从这两项决定，可以看出李铭是个有"远虑"的人，能够最大限度地把其余人的顾虑打消。

现在，这家公司已拥有三家子公司，公司规模越来越大，但是三个合伙人仍然合作无间。诚如李铭所说："年轻人财力有限，经验不够，要创立一个大企业，必须要重视团结合作的重要性，破除私心，共同为合伙事业各尽所能，贡献心力。"（引自 http://rongchuang.trjcn.com/detail_123401.html）

案例点评： 合伙创业会面临很多的问题，如何才能创业成功，要做到以下几点：一是考察你的合伙人是否适合你的项目，合作伙伴要做到三个方面的高度认同——观念统一、能力互补、高度信任。二是在正式合伙之前明确双方的责任和义务，把将来合作中可能发生的所有事详尽地规定在合作章程中。三是合伙人要有足够的气度。合作中问题在所难免，如果因为一点问题不能释怀，斤斤计较，必定会引发更大问题。

四、创设有限责任公司

1. 注册流程

有限责任公司的设立相对严谨和复杂，其注册流程如下。

（1）核名。到工商局领取《企业名称预先核准申请表》，填写公司名称，如果没有重名，就可核发《企业名称预先核准通知书》。

（2）租房。签订好租房合同后，到税务局买印花税，贴在房租合同的首页。以后凡是需要用到房租合同的地方，都需要贴印花税的合同复印件。

（3）编写"公司章程"。可以在工商局网站下载"公司章程"的样本，修改使用，章程的最后由所有股东亲笔签名。

（4）刻私章。刻法人私章（方形的）。

（5）注册公司。填写在工商局领取的公司设立登记的各种表格，连同核名通知、公司章程、房租合同、房产证复印件一起交给工商局。

（6）凭营业执照，到公安局指定的刻章社，刻公章、财务章。后面的步骤中，均需要用到公章或财务章。

（7）办理企业组织机构代码证。凭营业执照到技术监督局办理组织机构代码证，技术监督局会发一个预先受理代码证明文件，凭这个文件就可以办理后面的税务登记证、银行基本户开户手续。

（8）开设银行基本户。凭营业执照、组织机构代码证，到银行开立基本账户。开立基本账户需要填很多表，最好把能带齐的东西全部带上，包括营业执照正本原件、身份证、组织机构代码证、公章、财务章、法人章。

（9）办理税务登记。领取营业执照后，30日内到当地税务局申请领取税务登记证。办理税务登记证时，必须有会计。

（10）申请领购发票。如果是销售性质的公司，应该到国税去申请发票；如果是服务性质的公司，则到地税申领发票。

注意：每个月按时向税务局申报纳税，即使没有开展业务不需要缴税，也要进行零申报，否则会被罚款。

2. 提供材料

有限责任公司设立登记应提交的文件和证件如下。

（1）公司法定代表人签署的《内资公司设立登记申请书》。

（2）全体股东指定代表或者共同委托代理人的证明。

（3）公司章程。

（4）股东的主体资格证明或者自然人身份证明。

（5）载明公司董事、监事、经理的姓名、住所的文件以及有关委派、选举或聘用的证明。

（6）公司法定代表人任职文件和身份证明。

（7）《企业名称预先核准通知书》。

（8）公司住所证明。

（9）国家工商行政管理总局规定要求提交的其他文件。

小资料

十二届全国人大常委会第六次会议审议并通过了《公司法修正案（草案）》，新法规自 2014 年 3 月 1 日起施行。《公司法》修改的主要目的是降低创业成本，激发社会投资活力，修改涉及三个方面。

首先，将注册资本实缴登记制改为认缴登记制，采取公司股东（发起人）自主约定认缴出资额、出资方式、出资期限等，并记载于公司章程的方式。

其次，放宽注册资本登记条件。除对公司注册资本最低限额有另行规定的以外，取消了有限责任公司、一人有限责任公司、股份有限公司最低注册资本限制；不再限制公司设立时股东（发起人）的首次出资比例以及货币出资比例。

最后，简化登记事项和登记文件。有限责任公司股东认缴出资额、公司实收资本不再作为登记事项。公司登记时，不需要提交验资报告。

第二节 创新产品开发

—— 引例 ——

华为公司 1987 年成立于中国深圳，目前，华为的产品应用于 150 多个国家，服务全球运营商 50 强中的 45 家，及全球 1/3 的人口。2013 年《财富》世界 500 强中，华为排行全球第 315 位，2015 年销售收入为 3900 亿元，约合 600 亿美元。华为营收和利润的大涨得益于研发投入占比不断提高，在全球同业中最高，十年研发投入累计超 1900 亿元人民币。据悉，华为 2015 年的研发投入费用为 1000 亿元人民币（约 154 亿美元），而这些科技研发投入的成效，也在产品销量上得以体现。

核心技术是华为的生命。寻找机会、抓住机会是后进者的名言。创造机会、引导消费是先驱者的座右铭。抓住机会必须要有技术，技术创造出产品打开市场，又重新创造机会。这是一个螺旋上升的循环。

一、技术创新

1. 认识技术创新

技术创新是指生产技术创新，包括开发新技术，或者将已有的技术进行创新应用。科学是技术之源，技术是产业之源，技术创新建立在科学发现基础之上，而产业创新主要建立在技术创新基础之上。

技术创新是一个以从创造性技术构想出发到新产品市场成功实现为基本特征的层次性经济活动全过程；也就是说，技术创新是一个从新产品或新工艺的设想、产生到市场应用的完整过程，它包括新设想的产生、研究、开发、商业化生产，到产品市场销售和转移扩散这样一系列活动。

技术创新和产品创新既有密切关系，又有所区别。创新可以只是技术创新，而不一定是产品创新。技术创新可能带来产品创新，产品创新也可能需要技术创新。一般来说，运用同样的技术可以生产不同产品，生产同样的产品可以采用不同的技术。产品创新侧重于商业和设计行为，具有成果特征，因而具有更外在的表现。技术创新具有过程特征，往往表现得更加内在。产品创新可能包含技术创新成分，还可能包含商业创新和设计创新成分。技术创新并不一定带来产品改变，也可能带来成本降低和效率提高，例如，通过改善生产工艺，优化作业过程，减少资源消耗、能源消耗、人工耗费或者提高作业速度等，都可以实现技术创新。另外，新技术诞生也会带来全新产品，新产品构想往往需要新技术才能实现。

2. 技术创新形式

技术应用于经济活动的形式多种多样，决定了技术创新的形式也多种多样。不同时期、不同企业、不同技术领域、不同创新项目都有不同的创新管理模式。

一是产品创新。企业通过生产新产品或提供一种产品的新质量，进一步满足顾客需求或开辟新的市场。

二是工艺创新。企业通过运用新的生产技术、操作程序、方式方法，改善或变革产品的生产技术及流程，提高企业生产技术水平、产品质量和生产效率。企业工艺创新过程，大体可分为工艺研发阶段和工艺创新由研发环节转移（或导入）制造环节两个阶段。

三是市场创新。市场创新是企业在了解现在消费需求的基础上，运用先进的科学技术，开发新产品，扩大新市场。通过改善或创造与顾客交流和沟通的方式，把握顾客需求，开拓出新市场。

四是管理创新。企业通过改善或创造更好的组织环境和制度，实施新的企业组织方式或管理方法，使企业各项活动更有效。

五是营销创新。通过营销创新，提高产品及营销手段的知识及技术含量，迎头赶上国际知识经济和绿色经济浪潮，积极参与国际营销竞争。

3. 技术创新过程

（1）创意思想。创意思想可能来自科学工作者的推测或发现，也可能来自市场营销人员或用户对环境（或市场机会）的感受，但创意要变成创新还需要很长时间。

（2）开发和中试。开发可能有实际应用的新技术，探索应用的可能性，并把这种可能性变为现实性。它是根据技术、商业、组织等方面的可能条件，对创新构思阶段的计划进行检查和修正。中试解决的是从技术开发到试生产的全部技术问题，以满足生产需要。

（3）批量生产。按商业化规模要求把中试阶段的成果变为现实生产力，产生出新产品或新工艺，并解决生产组织管理和技术工艺问题。

（4）市场营销。技术创新成果的实现程度取决于其市场的接受程度。其目的是实现新技术的使用价值，实现技术创新所追求的经济效益。

案 例

华为的自主创新研发道路

1987年，任正非等6人出资2.1万元创建华为，一开始为香港康力公司的HAX交换机做代理。当时，国家以优惠政策吸引外资，引进技术，合资合作浪潮此起彼伏，发达国家率先向中国企业提供低息贷款，国家给外资企业特别的优惠政策，使国内企业与外资企业处于不平等的竞争之中。

任正非认为中国要发展，就必须靠自强。技术自立是根本。他给华为定下了发展目标：发展民族工业，立足于自己开展科研开发，紧跟世界先进技术，目标是占领中国市场，开拓海外市场，与国外同行抗衡。

当时，华为搞程控交换机代理，技术、经验、资金、方法、设备严重滞后，研发小型程控交换机的风险很大，国外同类产品成熟、性能稳定，技术更新快，自主创新弄不好就会中途夭折。任正非做出了孤注一掷、置之死地而后生的决策，使创业者在心中燃烧着一股激情。任正非十分清楚，如果这次要是失败，华为将从此消失。在研发动员大会上，他说："这次研发如果失败了，我只有从楼上（五楼）跳下去，你们还可以另谋出路。"而创业者一致认为，这是为公司的生存发展杀出一条希望之路。

他们夜以继日地拼搏，上演了一场惊心动魄的苦战，倾其所有，全部投入自主创新的研发。功夫不负有心人！华为前后投入1亿元人民币，终于研制成功C&C08 2000门网用程控交换机。之后，"巨（巨龙）大（大唐）中（中兴）华（华为）"为代表的民族通信产业群的突破，成为佳话。

1. 创新模式转变

1997年年底，任正非访问美国休斯敦公司、IBM公司、贝尔实验室，他发现：在技术研发上没有一家美国的高科技公司跟在别人后边。模仿别人的技术是不会长久的，企业要想长远发展，必须走自主研发之路。任正非把华为定位在后进者角色，创造机会的工具就是技术，技术创造出产品，打开市场，又重新创造机会。这是一个螺旋上升循环。

1998年以后，华为确立了从技术跟进、产品模仿，向创新和改进相结合模式转变。当年研发经费8亿元，占销售额的10%，并开始战略预研和基础研究。到2003年年底，华为在北京、上海等6个大城市设立了研究所，在美国和俄罗斯等5地设立了研究机构。华为对中短期产品的市场定位进行了规划，经过两年改造，华为的生产能力从1995年的月产20万线，提高到月产40万线；周销售额从5000万元提高到1.3亿元；产品从单一的通信产品，发展到多元化、技术密集度较高的投资类电子产品。

华为的发展目标：广泛吸收世界电子信息领域的最新研究成果，以开放、合作的方式，发展领先核心技术，用卓越产品自立于世界通信列强之林。1995年华为成立北京研究所，从单一交换机产品进入移动通信领域，开始研究CDMA技术，推行产品多元化策略。1996年华为推出路由器和ISDN系列终端，首台STP在宁夏银川获得成功，后来又搞了宽带网、宽带服务器、移动网络的信令网设备，推广运用无线接入系统GSM制式，并在上海、北京和南方研究所投入40亿元研发3G，形成领先优势……

2. 产品研发以客户需求为导向

华为推行IPD集成研发模式，变革研究方法和推进战略，其核心是以客户需求为导向。技术开发与客户需求之间存在辩证关系，在攻克新技术时，以新技术获得多一些的市场。当新技术导向作用减弱时，推出一些技术上不一定很难的产品，在满足客户现实需求上多下功夫。

任正非告诉技术人员：卖出去的技术才有价值，要做工程商人。他给主管生产计划和销售计划的负责人每人一双新皮鞋，让他们深入第一线，"走与工农兵相结合的道路"。华为规定每年有5%的研发人员去做市场，每年有5%的市场人员去做研发。市场人员说：新功能的发现，全凭研发人员对客户需求的敏锐嗅觉。比如，当听说学生在校园里打电话很困难，华为两个月内就推出了201校园卡，很受欢迎，很快推向全国。

3. 从技术创造走向思想创造

个人成功取决于产品的成功，做好一个产品需要每一个人的努力，有一个人不努力，产品就可能留有缺陷，只要每个人都努力了，产品才能做好。没有产品的成功，就不会有企业和个人的成功。个人成功与整个集体成功紧密相关。每个华为人不论发展空间，还是个人成就感，都取决于华为创造的产品成功与否，产品的商品化与否。

1997年前后，以华为公司为代表的中国通信设备制造商，在交换机、接入网、光网络等领域，将跨国公司占据的市场份额逐渐收回。此时，华为具有自主知识产权的产品C&C08交换机技术水平已经领先于西门子，但产品的稳定性、可靠性与西门子还有差距。任正非告诫华为人，做事应该像CAD（计算机辅助设计）一样，一根线一根线地抠，这样的产品才能成熟，长久地被人们承认，才能算得上是真正的商品。即使C&C08交换机达到国际先进水平，也没什么了不起。因为这是竞争对手已有的产品，在思想上仍属仿造。唯有思想上的创造，才会有巨大的价值。要使公司摆脱低层次上的搏杀，唯有从技术创造走向思想创造。思想创造来自用户需求，华为动员公司有才干、有能力的英雄豪杰站出来，到市场前线去了解用户的需求。1996年，一大批博士、硕士涌入市场。3～5年后，这些硕士、博士对华为公司的发展做出了重大贡献。

4. 实行资源共享、广泛合作的原则

华为外部技术共享通过两种方式实现——收购公司或支付专利使用费。在3G技术研究过程中，经过市场考察后，华为发现，美国高通公司已将几乎所有核心技术用若干专利全面覆盖，华为无法绕过，即便绕过也就没有优势可言。于是，华为与高通签订了CDMA专利授权使用协议，以支付费用的方式，将成熟技术直接拿来使用，而把自己定位于非核心专用芯片开发。这类芯片需求量大、技术难度相对较小，对降低成本的作用非常明显。

2002年年初，华为收购光通信厂商OptiMight，大大加强了自己在光传输方面的技术实力。2003年中期，对网络处理器厂商Cognigine的收购，大大加强了华为在交换机和路由器核心处理器方面的能力。利用收购和合作进军美国市场是

一种不错的选择，但要想和高高在上的美国公司平起平坐相当不易，要求在资金或技术方面拥有令人信服的实力。

华为到国际市场拓展生存空间，核心是缔结利益共同体，拒绝机会主义。比如，在拉美坚持普遍客户原则，在发达国家是借船出海、占领高端，在技术研发中引进西方管理经验。重要的是让利，给合作对象以经济利益。

在华为内部，任正非主张各个部门要充分开放，充分利用各种资源，任何部门和个人都不能将本部门或自己的技术创新、成功的经验甚至失败的教训"藏"起来，不让其他部门使用或学习、借鉴。华为动员所有员工把自己的心得贡献出来，节约了很多时间和资源。任何部门和个人都不能为了显示自己的创新能力，放弃使用已有的技术、产品，而再去自行开发同类的技术、产品，导致重复研发、资源浪费。（引自 http：//www.doc88.com/p-384731964920）

二、服务创新

1. 认识服务创新

服务创新是指将新设想、新技术手段转变成新的服务方式。从经济角度看，服务创新是指通过非物质制造手段所进行的增加有形或无形"产品"之附加价值的经济活动。从技术角度看，服务创新可分为围绕物质生产部门的管理、组织、设计等软技术创新活动，围绕文化产业、社会产业的推动社会和生态进步，以丰富精神生活的软技术创新活动，以及围绕传统服务业和狭义智力服务业的软技术创新。从社会角度看，服务创新通过满足物质需求、精神和心理需求，保障人们的精神和心理健康，得到满足感和成就感。这就要求未来的技术不能单纯强调"效率第一""效益第一"，还要研究和发展那些牺牲一点效率，却能使我们的生活和工作环境变得更容易、更舒适和方便，并能尊重人的情绪、感情和道德的技术。从方法论角度看，服务创新是指开发一切有利于创造附加价值的新方法、新途径的活动。

2. 服务创新的类型

按照服务领域或范围划分：一是按产业部门划分，分为第一产业、第二产业以及第三产业服务的服务创新；或者按行业部门划分，分为建材、电子、化工等部门服务的服务创新。二是按服务区域划分，分为面向国内和国外的服务创新；为各地区服务的服务创新；为各省、自治区、直辖市及各县镇、村服务的服务创新。服务创新也可以按服务目的不同，划分为生产性服务创新、生活性服务创新和发展性服务创新。

3. 服务创新的思路

服务创新要把握好以下几个方面。

一是把注意力集中在对顾客期望的把握上。在竞争对手云集的市场中，不必轻易改变产品本身，正确的做法是认真听取顾客的反应以及修改建议，一般80%的服务概念来源于顾客。要善待顾客的抱怨。顾客的抱怨往往表明服务有缺陷或服务方式应当改进，这正是服务创新的机会。

二是服务要有弹性。服务对象相当广泛，有不同期望及需要，因此，良好的服务需要保持一种弹性。服务有许多难以衡量的东西，一味追求精确，非但难以做到，反而易作茧自缚。

三是企业员工比规则更重要。创新就是打碎一种格局以创造一种新的格局，最有效的策略就是向现有的规则挑战，挑战的主题是人。通常，顾客对服务品质好坏的评价是根据他们同服务人员打交道的经验来判断的。

四是用超前的眼光进行推测创新。服务创新靠用户推动。随着人们生活水平的提高，消费需求由低层次向高层次递进，由简单稳定向复杂多变转化。这种消费需求的多样化意味着人的价值观念演变。产品设计要与建立一揽子服务体系结合起来，在产品设计中体现服务，是一种未雨绸缪的创新策略。

三、管理创新

管理创新是指通过组织形式将创造性思想转换为有用的产品、服务或作业方法的过程。当管理者说到要将组织变革得更富有创造性的时候，通常指的就是管理创新，即把新的管理要素（如新的管理方法、新的管理手段、新的管理模式等）或要素组合引入企业管理系统以更有效地实现组织目标的创新活动。

信息技术引领的现代科技的发展以及经济全球化的进程，推动了管理创新，这既包括宏观管理层面上的制度创新，也包括微观管理层面上的创新。

1. 认识管理创新

管理创新包括管理思想、管理理论、知识、方法、工具等的创新。按功能将管理创新分解为目标、计划、实行、检馈、控制、调整、领导、组织、人力9项管理职能的创新。按业务组织系统，将创新分为战略创新、模式创新、流程创新、标准创新、观念创新、风气创新、结构创新、制度创新。以企业职能部门划分，企业管理创新包括研发管理创新、生产管理创新、市场营销和销售管理创新、采购和供应链管理创新、人力资源管理创新、财务管理创新、信息管理创新等。管理创新的内容也可以分为三个方面：一是管理思想理论上的创新；二是管理制度上的创新；三是管理具体技术方法上的创新。

2. 管理创新的过程

管理创新的过程是一个渐进过程，是从无到有，从认识到认知，从认知到创新的过程，分为以下四个阶段。

第一阶段是员工对企业原有管理模式的不满或企业遭遇到前所未有的发展危机，而导致组织和员工在认识上与原有管理理论思想的冲突。

第二阶段是因为认识到企业现有管理手段、方法的落后，而对新的管理理念和成功经验主动去认知，有借鉴和学习的意愿。这个过程需要大量的理论基础和案例的支持，从经验中汲取有利的元素，应用到新的管理体系之中。

第三阶段是创新过程实施阶段，这个阶段是将企业内部的不满因素、管理理论和成功创新案例组合到一起，加以总结、提炼、加工，在重复、渐进的不断尝试中寻求一个最佳的创新方案。

第四阶段是创新后的管理体系得到组织内部和外部的一致认可，包括对创新内容的适应过程、创新过程中消极因素的规避、创新收益的评价等，以及对各方面有利和不利因素的综合分析、认可过程。

管理创新在最初阶段，首先要得到组织内部的一致认可，这是管理创新得以执行的基本前提。管理创新需要拥护者，并且需要在最短时间内取得成果，以证明创新的有效性。有些创新需要很长的时间，但有理论认证的创新，也能增加创新者和支持者的信心。

管理创新的另一个特征是外部的认可，外部的认可是要得到创新体系之外的各种因素所承认的一个过程。外部认可是当创新过程中得不到数据的及时有效证明时，为了获得支持，能够持续创新的一种手段。

3. 管理创新的条件

为使管理创新能有效地进行，创业者应具备以下条件。

一是具有较高的素养和能力。大学生需要在学习过程中，培养良好的习惯、丰富的知识素养、正确的价值观，以及将创新转化为实际操作方案的能力和控制协调能力。

二是具备较好的基础管理。基础管理提供许多必要的准确的信息、资料、规则，有助于管理创新顺利进行。

三是良好的管理创新氛围。创新主体能有创新意识，能有效发挥其创新能力，与拥有一个良好的创新氛围有关。在良好的工作氛围下，人们思想活跃，新点子产生得多而快，而不好的氛围则可能导致人们思想僵化，思路堵塞，头脑空白。

四是创新目标。管理创新目标比一般目标更难确定，因为创新活动及创新目标具有更大的不确定性。尽管确定创新目标是一件困难的事情，但是如果没有一个恰当的目标，就会浪费企业的资源，这又与管理创新宗旨不符。

案 例

小米成长的管理秘诀

小米在 2010 年 4 月 6 日成立，仅用半年，小米手机就不断刷新成长速度。雷军有什么管理秘诀促使小米手机如此迅速崛起并高速增长？小米的核心、创新和优势在哪里？

1. 花 80％时间找人

小米团队是成功的核心原因。小米团队中的每一个人都是真正干活的人，有非常高的工作热情。他们技术一流、有战斗力、有热情做每一件事情，这样的员工做出来的产品注定是一流的。这是一种真刀实枪的行动和执行。

雷军当初决定组建超强的团队，前半年花了 80％时间找人，幸运地找到了 7 个牛人合伙，全是技术背景，平均年龄 42 岁，经验极其丰富。7 个合伙人分别来自金山、谷歌、摩托罗拉、微软等，土洋结合，理念一致。

招不到人才是因为投入的精力不够。雷军每天都要花费一半以上的时间用来招募人才，前 100 名员工入职他都亲自见面并沟通。当时，招募优秀硬件工程师尤其困难。有一次，一个非常资深和出色的硬件工程师被请来小米公司面试，他没有创业决心，对小米的前途也有些怀疑，几个合伙人轮流和他交流，整整 12 个小时，打动了他，最后工程师说："好吧，我已经体力不支了，还是答应你们算了！"

2. 少做事，管理扁平化

中国很多企业的特点之一是粗放经营，做得很多，却很累。一周工作 7 天，一天恨不得 12 小时，结果还是干不好，就认为雇用的员工不够好，搞培训、搞运动、洗脑，但从来没有考虑把事情做少。互联网时代讲究单点切入，逐点放大。扁平化是基于小米相信优秀的人本身就有很强的驱动力和自我管理的能力，员工都有想做最好的东西的冲动，公司有这样的产品信仰，管理就变得简单了。

当然，这一切都源于成长速度。速度是最好的管理。少做事，管理扁平化，才能把事情做到极致，才能快速。小米的组织架构分为三级：七个核心创始人—部门领导—员工。而且不会让团队太大，稍微大一点就拆分成小团队。从小米的办公布局就能看出这种组织结构：一层产品、一层营销、一层硬件、一层电商，每层由一名创始人坐镇，能一竿子插到底地执行。大家互不干涉，都希望能够在各自分管的领域给力，一起把这个事情做好。

除 7 个创始人有职位，其他人都没有职位，都是工程师，晋升的唯一奖励就是涨薪。不需要你考虑太多杂事和杂念，没有什么团队利益，一心在事情上。

这样的管理制度减少了层级之间互相汇报浪费的时间。小米现在 2500 多人，除每周一的 1 小时公司级例会之外，很少开会，也没什么季度总结会、半年总结会。成立 3 年多，7 个合伙人只开过 3 次集体大会。2012 年 "815" 电商大战，从策划、设计、开发、供应链仅用了不到 24 小时准备，上线后微博转发量近 10 万次，销售量近 20 万台。

雷军说：我第一定位不是 CEO，而是首席产品经理。80% 的时间是参加各种产品会，每周定期和 MIUI、米聊、硬件和营销部门的基层同事坐下来，举行产品层面的讨论会。很多小米公司的产品细节，就是在这样的会议当中和相关业务一线产品经理、工程师一起讨论决定的。

3. 强调责任感，不设 KPI

全员 6×12 小时工作，小米坚持了将近 3 年。维系这样的工作，从来没有实行过打卡制度，而且也没有施行公司范围内的 KPI（主要绩效指标）考核制度。

小米强调把别人的事当成第一件事，强调责任感。比如一位员工的代码写完了，一定要别的工程师检查，别的工程师再忙，也必须第一时间先检查代码，然后再做自己的事情。其他公司可能有一个晋升制度，大家都会为了晋升做事情，会导致价值扭曲，为了创新而创新，不一定是为用户创新。其他公司对工程师强调的是把技术做好，在小米不一样，它要求工程师把这个事情做好，工程师必须要对用户价值负责。

4. 利益分享机制

小米公司有一个理念，就是要和员工一起分享利益，尽可能多地分享利益。公司刚成立的时候，就推行了全员持股、全员投资的计划。小米最初的 56 个员工，自掏腰包总共投资了 1100 万美元——均摊下来每人投资约 20 万美元。

公司给了足够的回报，工资是主流，期权上有很大的上升空间，而且每年公司还有一些内部回购；虽然做事压力大，但有很强的满足感，很多用户会极力追捧他，比如说某个工程师万岁。

5. 与米粉交朋友

做朋友的心理就是，如果你这个问题是你的朋友来找你解决的话，你会怎么做？那当然是你能解决就给他立刻解决了，解决不了也要想办法帮他解决。

小米学习"海底捞"，把它变成一种文化、全员行为。比如，用户投诉或不爽的时候，客服有权根据自己的判断，赠送贴膜或其他小配件。又如，曾有用户打来电话说，自己买小米是为了送客户，客户拿到手机还要去自己贴膜，这太麻烦了。于是在配送之前，小米的客服在订单上加注了送贴膜一个，这位用户很快感受到了小米的贴心。

再比如，小米在微博客服上有个规定：15分钟快速响应。还专门开发了一个客服平台。不管用户是建议还是吐槽，很快就有小米的人员进行回复和解答，是否按时回复论坛上的帖子是工作考核的重要指标。

为了让工程师拥有产品经理的思维，小米从一开始就要求所有员工，在朋友使用小米手机过程中遇到任何问题，无论硬件还是软件，无论是使用方法或技巧的问题，还是产品本身出现的问题，都要以解决问题的思路去帮助朋友。甚至要求所有工程师通过论坛、微博和QQ等渠道和用户直接取得联系。

当一项新开发的功能发布后，工程师们马上就会看到用户的反馈。小米要求工程师参加和粉丝聚会的线下活动。这样的活动让工程师知道他做的东西在服务谁，他感受到了用户不仅仅是一个数字，更是一张张脸，是一个个实实在在的人物，有女用户、女粉丝非常热情地拉他们签名、合影。这些宅男工程师觉得他写程序不是为了小米公司写，而是为了他的粉丝。（引自 http：//www.cyzone.cn/a/20130923/245628.html）

第三节　创新创业财务管理

——引例——

2014年9月，阿里巴巴登陆纽约证券交易所（股票代码BABA），以每股68美元的发行价初次公开上市发行（initial public offering，IPO），共筹资约250亿美元，成为全球融资额最大的IPO。其股票上市当天开盘价为92.7美元，此后市场走势也较好。阿里巴巴的成功与其发展战略、营销策略、优秀的创业管理团队与人力资源管理策略、过硬的技术等息息相关，而另一个重要原因就是阿里巴巴的财务管理与资本运作。

阿里巴巴公司是马云于 1999 年 7 月创立的，公司注册资本 50 万元人民币，香港和杭州分别作为该公司总部所在地，后在海外设立了美国硅谷、英国伦敦等分支机构。历经 15 年的发展，目前已控股或参股数十家公司，旗下子公司有阿里巴巴网络公司、淘宝网、支付宝、云计算、中国雅虎、口碑网、阿里软件·阿里妈妈、虾米音乐网等。（引自 http：//www.doc88.com/p-6641252798931.html）

一、创业中的财务问题

大学生创业是一个复杂的系统，其成功与否取决于创业者的知识、阅历、经验、把握商机和决策判断能力等多方面因素。创新创业失败有很多方面因素，其中一个重要因素是缺乏对财务的管理。财务管理是对企业财务关系进行处理的经济管理工作，主要负责企业的筹资、资金营运及利润分配等问题的处理与解决。大学生创业中常见的财务管理问题有以下几方面。

（1）财务管理意识淡薄。企业初创之时，创新创业者将精力重点放在生产、销售环节，缺乏足够的企业管理经验，忽视财务管理工作，简单地把财务工作看作一种记账手段，不能很好地分析和利用会计信息，也没建立科学的管理理念和做法。比如筹资成本、投资风险、赊销商品等存在一些不科学的做法，导致筹资成本高、投资风险大、赊销坏账多，阻碍了企业的发展，甚至直接危及企业的生命。

（2）创业资金估计不足。创业初期，由于大学生缺乏经验，在缺乏对市场细致调查的情况下，对项目资金做了一个大致估计，就开始启动项目。殊不知，公司一开张做什么都要花钱，进账之前没有花钱的前期计划，没能注意节约成本、控制开支，造成资金不足，企业开业没多久就背上了资金缺乏的包袱。

（3）融资渠道单一。创业之初的大学生，由于资信水平低、偿还债务的能力弱，同时又缺乏相应的资产抵押，以至于很难获得银行贷款，资金来源主要是创业者自有资金和家庭、朋友投资。

（4）会计信息质量不高。创业初期，企业发展刚刚起步，业务量不多，收入有限，基本处于亏损状态。创业者会因为账目简单而疏于记录，没有完整标准的会计体系。另处，创业者在生产经营过程中，没有将个人财产和企业财产划分开来，导致会计账目失真，使得以会计信息为基础的财务管理难以进行。

财务管理是企业管理的核心，创业者要改变对财务管理的盲目性、随意性，对财务管理要有一个明确的概念。大学生创业者必须加强财务管理知识的学习，为企业合理制订财务计划，要学会分析利用会计信息，掌握财务比率分析，进而为公司做好财务战略决策。

案 例

创业失败的反思：对财务管理一知半解

河南红高粱公司创建于 1995 年 4 月 15 日。不足 3 年，从 1 间店发展到近 50 间店铺，从一个城市发展到二十几个城市。红高粱公司曾被国内 200 余家媒体连续报道，国外 70 多家媒体相继转载，美国三大有线电视网轮番"爆炒"，公司计划于 2000 年在世界各地开两万家连锁店，成为与麦当劳一决高下的中式快餐店，但最终美梦化为泡影。那么红高粱公司的轨迹和启示是什么呢？

反思一：成长策略错误。

小企业当大企业运作，全线出击，四面投资，大网捞小鱼。红高粱公司一开始就选了快速增长的全国性连锁模式。正确做法是起步阶段把有限资源集中在一个地区，成熟后再拓展新区域。连锁业充满风险，不是越大越快越好，速度过快是失败之源。

反思二：对财务管理，一知半解比一无所知更害人。

财务管理中有个"金律"：不能把银行短期借款用于企业长期投资。尽可能用自有资本和长期负债作为固定资产投资和长期投资。而公司固定资产大部分来自流动负债、短期借款。加之四面投资导致企业运转不灵。

反思三：没有建立利润管理体系，各种资源不能有效、统筹运用，造成财务资源不足。

红高粱公司第一年生意兴隆。有专家说，红高粱公司前三年可先不追求利润，迅速扩张，把企业做大，资本做大，不要怕负债，要造势，做品牌。然后卖股权上市，这叫"零利润"经营。行家认为："零利润"经营对初创时期的企业并不合适。红高粱公司是初级小企业，缺少抗风险能力。

反思四：没有准备资金就轻易启动，造成财务困难。

投资专家说：不要等有了钱才投资开业，可行的投资项目不会缺钱。红高粱公司在决定投资之初，由于看准了市场，第一家店半年就收回投资。决定投资北京王府井店时，手头有 10 万元现金，就开始头脑膨胀。资金不足时，提出全国性连锁发展战略，到处寻址投资。店铺一开业就背上了包袱。

反思五：过分追求"码头效应"，把钱更多地投到地皮上，结果是为业主打工。做快餐要舍得在地皮上投资，但要量力而行。宁愿别人说你吝啬，没利润的位置再好也要撤。

反思六：过分扩大品牌的作用，犯了名牌"速成论"和"万能达"错误。名牌不能速成，名牌是质量、管理、效益的标志。即使名牌企业，品牌也不是万能的。投资需要突破一个又一个"瓶颈"，稳步增长。不能靠传奇色彩的新闻炒作迅速成为"名牌"，名牌背后是功夫。

反思七：忽视产品开发和产品组合，没有处理好"多"和"少"。对于中餐，专业化不能满足需求，多样化又不利于连锁。要适度多样化，重视产品研发，不能认为中国是美食大国，品种极丰富，而忽视产品开发。

反思八：没有建立合理的结构就盲目追求发展速度。一两家店成功，就误认为是连锁成功。对连锁业来讲，结构决定连锁的规模和店数。

反思九：没有把员工训练作为长期、连贯的经营战略。企业训练不足，管理水平和人员素质不高，缺少发展动力。从某种意义上讲，麦当劳成功不等于汉堡包成功，而是训练体系成功。麦当劳有个理念：人才流失的主要原因是企业训练不足。中式快餐普遍在店铺管理和人员培训上存在不足。（引自腾讯网财经）

二、制订财务计划

财务计划向创业者展示一幅完整的图画：企业有多少资金，资金投向何处，何时能收回资金，企业未来的财务状况如何等。制订财务计划主要包括编制损益表、现金流量表、资产负债表。

1. 损益表

损益表（或称利润表、损益平衡表）是反映公司在一定期间利润实现（或发生亏损）的财务报表，它是一张动态报表。损益表可以为报表的阅读者提供做出合理的经济决策所需要的有关资料，可用来分析利润增减变化的原因、公司经营成本、投资价值等。损益表项目按利润构成和分配，可分为两个部分。其利润构成部分先列示销售收入，然后减去销售成本得出销售利润，再减去各种费用后，得出营业利润（或亏损）；再加减营业外收入和支出后，即为利润（亏损）总额。可分配的利润部分，是将利润总额减去应交所得税后得出税后利润。根据我国现行企业会计制度规定，损益表统一采用多步式损益，其结构详见表5-1。

表5-1　损益表

编制单位：A公司　　　　　　　　　　　2012.12　　　　　　　　　　　单位：元

项　　目	行次	本月数	本年累计数
一、产品销售收入	1	13 748 314.02	122 472 989.87
减：销售折扣与折让	2		
商品销售收入净额	3	13 748 314.02	122 472 989.87
减：商品销售成本	4	12 680 816.48	113 789 584.54
经营费用	5	378 691.75	4 240 300.95
商品销售税金及附加	6		82 892.42
二、商品销售利润	10	688 805.79	4 360 211.96
加：代购代销收入	11		—
三、主营业务利润	14	688 805.79	4 360 211.96
加：其他业务利润	15		—
减：管理费用	16		
财务费用	17	193 893.24	1 093 308.14
汇兑损失	18		
四、营业利润	20	494 912.55	3 266 903.82
加：投资收益	21		—
营业外收入	22	−3 878.80	
减：营业外支出	23		—
五、利润总额	25	491 033.75	3 266 903.82
减：应交所得税	26	162 041.14	1 078 078.26
六、税后利润	31	328 992.61	2 188 825.56

表5-1中部分项目说明如下。

（1）"商品销售税金及附加"项目反映企业经营业务应负担的营业税、消费税、城市维护建设税、资源税、土地增值税和教育费附加等。本项目应根据"商品销售税金及附加"账户的发生额填列。

（2）"管理费用"项目反映企业行政管理等部门所发生的费用，项目应根据"管理费用"账户的发生额填列。

（3）"财务费用"项目反映企业发生的利息费用等，项目应根据"财务费用"账户的发生额填列。

（4）"投资收益"项目反映企业以各种方式对外投资所取得的收益，项目应根据"投资收益"账户的发生额分析填列；如为投资损失，以"—"号填列。

（5）"营业外收入"项目和"营业外支出"项目反映企业发生的与其生产经营无直接关系的各项收入和支出。这两个项目应分别根据"营业外收入"账户和"营业外支出"账户的发生额填列。

2. 现金流量表

现金流量表是反映一定时期内（如月度、季度或年度）企业经营、投资和筹资活动对其现金及现金等价物所产生影响的财务报表。作为分析工具，现金流量表的主要作用是决定公司短期生存能力，特别是缴付账单的能力。

现金流量表反映公司在一定时期现金流入和现金流出的动态状况，其组成内容与资产负债表和损益表相一致。通过现金流量表，可以概括反映经营活动、投资活动和筹资活动对企业现金流入流出的影响，对于评价企业的实现利润、财务状况及财务管理，要比传统损益表更好。

现金流量并不等于利润，利润是收入扣除支出后的余额，而现金流量则是现金收入与现金支出的差额。归还贷款而支付的现金，并非经营支出，但却减少现金；资产折旧可以减少利润额，但却没有现金支出。

现金流量问题是初创企业面临的主要问题之一，盈利企业也会由于现金短缺而破产，所以不能仅用利润这个指标来评估初创企业是否成功。对于创业者来说，对现金流量应逐月估计。

现金流量表的结构如表 5-2 所示。

表 5-2　现金流量表

编制单位：A公司　　　　　　　　　　2012.12　　　　　　　　　　单位：元

项目	行次	金额
一、经营活动产生的现金流量		
销售商品、提供劳务收到的现金	1	124 999 006.99
收到的税费返还	3	
收到的其他与经营活动有关的现金	8	3 621 880.97
现金流入小计	9	128 620 887.96
购买商品接受劳务支付的现金	10	118 378 581.62
支付给职工以及为职工支付的现金	12	5 000.00
支付的各项税费	13	1 379 597.39
支付的其他与经营活动有关的现金	18	12 716 599.00
现金流出小计	20	132 479 778.01
经营活动产生的现金流量净额	21	−3 858 890.05
二、投资活动产生的现金流量		
收回投资所收到的现金	22	—
取得投资收益所收到的现金	23	—
处置固定资产、无形资产和其他长期资产所收回的现金净额	25	—

续表

项目	行次	金额
收到的其他与投资活动有关的现金	28	—
现金流入小计	29	—
购建固定资产、无形资产和其他长期资产所支付的现金	30	1 842 524.90
投资所支付的现金	31	—
支付的其他与投资活动有关的现金	35	—
现金流出小计	36	1 842 524.90
投资活动产生的现金流量净额	37	−1 842 524.90
三、筹资活动产生的现金流量		
吸收投资所收到的现金	38	5 000 000.00
取得借款所收到的现金	40	666 666.67
收到的其他与筹资活动有关的现金	43	
现金流入小计	44	5 666 666.67
偿还债务所支付的现金	45	—
分配股利、利润和偿付利息所支付的现金	46	1 093 308.14
支付的其他与筹资活动有关的现金	52	
现金流出小计	53	1 093 308.14
筹资活动产生的现金流量净额	54	4 573 358.53
四、汇率变动对现金的影响	55	—
五、现金及现金等价物净增加额	56	−1 128 056.42

由于精确估算每月的现金流入和支出十分困难，因此需要坚持谨慎原则，以保证有足够的资金支撑企业运作。

3. 资产负债表

资产负债表是反映企业在一定时期内全部资产、负债和所有者权益的财务报表，是企业经营活动的静态体现，根据"资产＝负债＋所有者权益"这一平衡公式，依照一定分类标准和一定次序，将某一特定日期的资产、负债、所有者权益的具体项目予以适当地排列编制而成。

资产负债表最重要的功用在于表现企业经营状况。就程序而言，资产负债表为簿账程序的末端，是集合了登记分录、过账及试算调整后的最后结果与报表。就性质而言，资产负债表表现企业或公司资产、负债与所有者权益的对比关系，确切反映公司营运状况。

就报表基本组成而言，资产负债表主要包含报表左边算式的资产部分，以及右边算式的负债与所有者权益部分。而作业前端，如果完全依照会计原则记载，并经由正确的分录或转账试算过程后，必然会使资产负债表的左右两边算式的总金额完全相同。这个算式就是：

$$资产金额总计＝负债金额合计＋所有者权益金额合计$$

创业者应编制预计的资产负债表，描述初创企业在本年经营后的年末状况，为使其中的数据合理，资产负债表的制作必须利用损益表和现金流量表，并与之保持一致。资产负债表的结构如表 5-3 所示。

表 5-3　资产负债表

编制单位：A 公司　　　　　　　　　2012 年 12 月　　　　　　　　　单位：元

资产	行次	年初数	期末数	负债及所有者权益	行次	年初数	期末数
流动资产：				流动负债：			
货币资金	1	2 458 900.80	1 330 844.38	短期借款	46	13 500 000.00	14 166 666.67
短期投资	2			应付票据	47		
应收票据	3			应付账款	48	220 458.40	421 516.40
应收账款	4	34 933.80	15 716.68	预收账款	49	558 600.00	3 065 400.00
减:坏账准备	5			其他应付款	50	2 750 020.31	6 371 901.28
应收账款净额	6	34 933.80	15 716.68	应付工资	51		
预付账款	7	6 862 269.33	8 871 883.55	应付福利款	52	59 742.01	93 843.50
其他应收款	8	−5 362 534.33	3 785 526.24	未交税金	53	−70 824.89	−289 191.13
存货	9	5 093 917.67	7 874 358.53	未付利润	54		
待转其他业务支出	10			其他未交款	55	260.47	
待摊费用	11			预提费用	56		
待处理流动资产净损失	12			一年内到期的长期负债	57		
一年内到期的长期债券投资	13			其他流动负债	58		
其他流动资产	14						
流动资产合计	20	9 087 487.27	21 878 329.38	流动负债合计	65	17 018 256.30	23 830 136.72
长期投资：							
长期投资	21			长期负债：			
固定投资：							
固定资产原价	24	8 784 559.68	10 603 217.38	长期借款	66		
减:累计折旧	25	148 251.32	694 107.05	应付债券	67		
固定资产净值	26	8 636 308.36	9 909 110.33	长期应付款	68		
固定资产清理	27			其他长期负债	75		
在建工程	28		23 867.20	长期负债合计	76	0.00	0.00
待处理固定资产净损失	29			负债合计			
固定资产合计	35	8 636 308.36	9 932 977.53	所有者权益：			
无形及递延资产：				实收资本	78	5 000 000.00	10 000 000.00
无形资产	36			资本公积	79		

资产	行次	年初数	期末数	负债及所有者权益	行次	年初数	期末数
递延资产	37	416 665.31	329 860.01	盈余公积	80	168 330.69	218 507.75
无形及递延资产合计	40	416 665.31	329 860.01	未分配利润	81	953 873.95	3 092 522.45
其他长期资产:				所有者权益合计	85	6 122 204.64	13 311 030.20
其他长期资产	41						
资产总计	45	18 140 460.94	32 141 166.92	负债及所有者权益总计	90	23 140 460.94	37 141 166.92

　　资产负债表反映由过去的交易、事项形成，并由企业在某一特定日期所拥有或控制，预期会给企业带来经济利益的资源。资产应当按照流动资产和非流动资产两大类别在资产负债表中列示，在流动资产和非流动资产类别下，进一步按性质分项列示。资产负债表中列示的流动资产项目通常包括货币资金、交易性金融资产、应收票据、应收账款、预付款项、应收利息、应收股利、其他应收款、存货和一年内到期的非流动资产等。资产负债表中列示的非流动资产项目通常包括长期股权投资、固定资产、在建工程、工程物资、固定资产清理、无形资产、开发支出、长期待摊费用以及其他非流动资产等。

　　资产负债表中的负债，反映在某一特定日期企业所承担的、预期会导致经济利益流出企业的现时义务。负债应当按照流动负债和非流动负债在资产负债表中进行列示，在流动负债和非流动负债类别下再进一步按性质分项列示。资产负债表中列示的流动负债项目通常包括短期借款、应付票据、应付账款、预收款项、应付职工薪酬、应交税费、应付利息、应付股利、其他应付款、一年内到期的非流动负债等。

　　资产负债表中的所有者权益是企业资产扣除负债后的剩余权益，反映企业在某一特定日期股东（投资者）拥有的净资产总额，一般按照实收资本、资本公积、盈余公积和未分配利润分项列示。

第四节　新创企业营销

———引-例———

万达集团营销管理优势

　　在上海、在北京、在宁波、在成都、在武汉、在西安、在福州……在整个中国，很难找出第二个像万达集团这样的企业，在中国各大城市深耕22年，大力开拓商业版图，为所到的每一个城市缔造新城市中心，推动中国城市进化，繁荣每一城，从无败笔。万达集团为何能稳坐龙头，营销管理优势在哪里？

（1）订单地产，全国首创商业模式。万达集团在全国率先提出订单地产的商业地产开发模式，按照不同业态的需求进行设计和建造，既满足主力店商家的物业需求、充沛的经营保障，同时为步行街商家提供强大的人气支持。

（2）规划设计，提升商业经营需求。万达集团在多年的商业地产发展过程中，形成项目选址、规划设计、订单招商、开发建设、运营管理等商业地产发展完整的产业链，始终以商业经营为核心，专注研究商业地产的经营规律。

（3）满场开业，迅速形成商圈效应。万达集团始终将万达广场满场开业作为基本原则，避免部分商家先开业，苦熬培育期的局面，为每个商家创造良好的经营条件和经营环境，充分体现购物中心的规模优势，迅速形成商圈效应。

（4）合理配置，有力保障稳场旺场。万达广场对经营业态进行合理规划和配置，适当加大主力店和餐饮娱乐业态的经营占比，依靠它们自身的品牌优势、经营能力、聚客能力，增强万达广场的整体经营能力，保证万达广场经营的稳定性和成长性，保障商家的经营业绩和健康发展。

（5）统一营销，体现整体经营优势。万达广场以提升整体经营为目标，通过一系列营销推广活动，实现了各商家之间营销联动，充分体现了大型购物中心多业态、多功能组合聚集效应。

（6）维护关系，营造良好经营环境。万达广场从整体经营出发，充分发挥万达品牌优势，全面维护社会各界的公共关系，帮助商家特别是跨区域发展的商家排除经营困扰，为商家营造了良好的经营环境。

（7）联合发展，提升商家竞争优势。万达广场在全国快速发展，不仅为国内外连锁知名品牌的发展提供更多选择，更为一些地域性知名品牌快速走向全国，提供跨区域发展的良好经营平台。

（8）专业团队，打造全面经营保证。万达商业管理公司是中国最大的全国性连锁商业经营管理企业，拥有丰富的商业资源，强大的运营管理能力，成为万达商业地产的核心竞争优势。公司拥有一支超过万人的专业团队，其中包括商业中心经营、商业物业管理、机电设备维护、消防安全等专业的一流人才。

（9）丰富资源，带动商家共同发展。万达商业管理公司与一大批国际及国内一流品牌商家建立战略合作关系。已签约国际国内顶尖品牌战略联盟商家40余家，目前各地万达广场经营商家和品牌已达1000余家，储备5000余家。

（10）科学管理，实现持续旺场经营。万达商业管理公司以"让商家赚钱"为核心理念，以"安全、服务、品质"为经营方针，统一招商管理、统一经营布局、统一形象管理、统一营运规范、统一营销策划、统一客服保障、统一物业管理，实现商业中心持续旺场经营。

　　案例点评：成功是一个不断积累的过程，企业的核心是营销，营销的核心是管理。企业需制定匹配的营销管理模式，唯有掌握核心，方可操控市场。企业在营销管理过程中应密切关注市场变化，从总体出发，分析、研究和判断市场变化及发展趋势，不断地增强适应环境的能力，以便及时抓住有利时机，尽早避免或消除不利因素的影响。（引自 http：//www.bosum.com.cn/bszx/yingxiao/2562.html）

一、新创企业营销管理

　　新创企业往往处于变化、复杂、混乱、矛盾、资源匮乏状态之中，因此，创业者必须积极地识别和开发市场机会，以创新方法开发潜在客户。大学生多以中小企业开始创业，中小企业创业经营管理运作包括明确创业目标、拟订规划方案、可行性分析、投资决策、经营项目开发建设，以及经营项目建成后的生产、销售以及长期企业经营管理，它是一种综合性的创造与管理运作过程。

1. 创业初期的经营管理

　　大学生创新创业要关注以下方面：一是以生存为首要目标。创业初期时，对市场把握不准，管理制度也不完善，因此，对于刚创业者来说，重要的是把眼前的事做好，保证了生存才能发展。二是用好有限的资金。企业初创期，融资渠道狭窄，现金流是创业公司的命脉，一个创业公司无论有多好的创意、多么出色的团队，要是现金流断了，就必死无疑。三是充分调动"所有人做所有事"。企业初创期，尽管建立了正式的部门结构，但很少有按正式组织方式运作的。每个人须清楚组织目标和自己应当如何工作，形成创业团队，培养出团队精神、奉献精神和忠诚，使其成为企业的文化。

2. 创业初期的主要问题

　　大学生在创新创业初期，企业规模小、风险大，制度不健全，一切都在建设、开发和完善中。初创阶段通常会面临以下主要问题。

　　（1）产品不完善。在多数情况下，产品或服务都是新开发或新推出的，因此功能可能不完善，质量也可能不稳定，需要在初创期不断改进。

　　（2）缺乏市场。对于消费者熟悉的产品或商品，可以通过服务或价位赢取客户的认可；如果企业经营的是新产品，缺乏销售渠道是打开市场的主要障碍。

（3）经营和管理无序。企业在初创时，不具备有效的制度、规范和流程等，因此企业的经营和管理会比较杂乱，效益受到影响。

（4）资源紧缺。初创时期的企业不如成熟和赢利的企业，难以招到优秀的人才，生存和发展主要依赖其灵活的市场反应能力去迅速地捕捉市场机会。

3. 初创期 SWOT 分析

初创时期的中小企业面临机遇和挑战，可以使用 SWOT 分析方法，分析创新创业的机会和风险，如表 5-4 所示。

表 5-4　中小企业初创期 SWOT 分析

S（优势）	W（劣势）
（1）公司规模小，管理层次简单，执行效率高； （2）薪酬制度灵活，员工个人才能可以得到充分发挥； （3）竞争者较少，投资回报率相对于其他阶段要高，企业销售收入快速增长； （4）创业初期承担风险代价较少，创业者勇于冒险，充满探索精神	（1）制度不完善，缺乏科学的人力资源管理理念； （2）企业发展不明朗，难以吸引到优秀人才； （3）企业的管理者自身缺乏经验积累，无法制定出明确的长期目标及相应标准； （4）资金不足，融资渠道狭窄，获取外部资金不易
O（机会）	T（威胁）
（1）国家支持大学生自主创业，很多地方都出台了利于大学生自主创业的相关政策； （2）为各类人才施展才能提供了宽广的舞台	（1）来自政策制度方面的威胁，很多行业有准入政策、很多政府项目都对企业规模有要求； （2）初创期中小企业实力弱小，市场竞争残酷

二、新创企业营销策略

1. 做好市场定位

创业产品研发出来后，进入了推广阶段，如果市场推广准备不充分，将直接影响到产品的生产和销售。通过前期市场调研，对当前市场有了初步了解，创业产品在市场推广时要注意以下几个问题：首先，产品在投放市场中怎样选择目标客户群，即什么样的人会买这个产品。产品的市场营销定位和消费阶层选择，离不开所在地区的经济环境、消费者生活习惯、文化特征等。其次，创业经营项目所在地区的社会阶层、人群分布情况。最后，创业产品的功能、档次、配套服务。弄清这几个方面的因素，才能准确把握创业经营项目的市场定位。

2. 塑造经营品牌

怎样才能在创业市场上形成竞争优势？品牌策划起着关键的作用。品牌策划按经营开发的时间段分为两部分，分别针对不同的目标群体。前期为招商引资阶段，主要宣传对象为本地城镇的风险投资者和创业投资机构。后期为开张营业阶段，主要宣传对象为创业项目产品所辐射市场的终端消费者。

品牌策略可以采用广告宣传，通过在不同媒体上发布经营项目的文案广告，为经销商户创造良好的营销环境，引导他们共同抵御外来竞争。坚持"先成就商家，再成就自己"的经营理念，在广大商户的心里树立良好的形象。经营现场也要做好配套广告宣传，如彩色电子屏幕、灯箱、平面广告、宣传手册等，而且宣传题材不断翻新，为商户创造更多的潜在客户群体，为创业经营项目打造品牌。

3. 售后服务管理

通过招商阶段的宣传推广，创业项目取得了一定的认知度。要进一步让更多的目标消费群熟悉创业经营项目，制造市场轰动效应，为商家吸引人流、营造商机，这是保持创业经营项目长期持续发展的根本。但长期维护市场份额，有赖于良好的售后服务管理。通过售后服务管理，为商户和最终消费者提供市场信息、电子商务、物流配送、仓库储存、市场推广、生活后勤等"一站式综合服务"。

在后期推广和售后服务方面，创业者不但要做好管理，维护好经营项目形象，还要使经营项目在市场上能长期占据主导地位，产生更大的凝聚力和号召力，帮助经营者做好策划、做旺市场。如果经营项目没有长远策划，吸引不来人气，而导致生意冷淡，最终失利的还是创业者。所以，创业者必须加强与商户之间利益同盟的关系，双方之间诚心合作，一起把经营项目的市场号召力做强、市场份额做大。

案 例

烤鱼品牌的初创

2013年12月，在深圳诞生了一家时尚烤鱼店——"探鱼"。创始人是一对"80后"的夫妻——王力加和李品熹。

1. 山在眼前，就要去征服

李品熹毕业后与王力加选择了餐饮创业，经过多年历练，在2010年打算做一下新的尝试。他们喜欢创造新东西，总想将自己的诸多点子发挥在新品牌上。当时刚好在海岸城拿了个铺位，就尝试做了肥牛火锅。

2. 细节的统一，就是用户体验

"探鱼"整体品牌定位清晰，以"80后""90后"为目标客户群，尤其在用户体验部分，品牌风格走怀旧风。就拿最常见的 Wi-Fi 密码来说，95％以上的企业都用自己的门店电话，沟通成本高，又容易输入错误，而且没有附加值。"探鱼"店里的 Wi-Fi 密码，是"黑猫警长"的拼音，既能够唤醒用户的美好回忆，又能够为品牌传播植入良好的基因。

3. 再好的商业模式，也要落地的团队

"探鱼"年底的目标是开30家门店，资金和商铺都不是问题，唯一瓶颈在于团队流程上的磨合。即使在开第一家店时，就已经储备了10家店的管理组人员。

为提高用户体验，"探鱼"在成熟的店面执行"超过23分钟上菜69折、菜品上错免费送、账单有误全单免单"的三大承诺。但对新开业店面，则不强制推行。因为"探鱼"平均每家店面的翻台率在6轮以上，对于一个新店来说，这样的制度只会将团队压垮。所以无论多么迫切地希望将最好的一面展示给消费者，仍会结合团队的所处境况进行取舍。

4. 产品是所有餐饮企业的命脉

产品不好，其他方面再努力都是后劲不足。对"探鱼"来说，食品安全是1，其他都是0。作为连锁企业，店面之间一荣俱荣、一损俱损，食品安全闪失不得。所以从始至今，"探鱼"的调味料都是选用雀巢、联合利华等国际品牌。与大型有资质的供货商合作，确保货源来源统一卫生。

"重庆豆花烤鱼、泡泡蛙、虾兵蟹将、番茄鸡蛋烤鱼、烤糖醋排骨"等原创菜品，让"探鱼"从产品上加大差异化。"探鱼"的部分原料甚至从原料的最优产地采购，例如，青花椒、麻椒、皱皮辣椒、泡椒等食材从成都、贵州等地进行采购，保证了"探鱼"口味正宗。

没有人喜欢一成不变，"探鱼"将每季度排名靠后的1/3菜品踢出菜单，用最新研发的产品替换。"探鱼"的招牌菜虽然不轻易变换，但是季度性的升级仍是必需的。

5. 微营销，看"探鱼"怎么玩

"80后""90后"离不开手机，每人平均每天解锁屏160～170次，他们是互联网娱乐的暴风眼，甚至带动了"无下限、吐槽、恶搞、颠覆传统"的潮流文化。因此除去开业活动期间线下的递进式折扣，"探鱼"的营销活动重点集中在新媒体上，用诙谐的方式与粉丝互动，起到的传播效果异常惊人。针对深圳中心城店开展的"六一校服派对"活动，话题阅读量达117.6万。针对深圳新开三店的"探

鱼"请全深圳吃烤鱼活动，阅读量达 738.5 万。针对全国 11 家待开业新店，推出"探鱼"请全国人民吃烤鱼活动，仅在活动初期话题阅读量已达到 860.2 万。如今，"探鱼"的递进式折扣和开业前三天免费请粉丝吃烤鱼的活动，效仿者无数。

虽然餐饮行业竞争激烈，但是他们很有信心，因为相信优胜劣汰，只有把细节不断优化，总能够常做常新。"探鱼"目标是拓展到十余个城市。按目前的营收趋势，"探鱼"很有可能是近几年屈指可数的在初创一年内营收能够过亿元的新晋品牌。(引自http://www.so.com)

三、新创企业营销渠道

1. 选择合理的销售渠道

销售渠道是企业最重要的资产之一，也是变数最大的资产。它是企业产品向消费者转移所经过的路径。这个路径包括企业自己设立的销售机构、代理商、经销商、零售店等。对产品来说，它不对产品本身进行增值，而是通过服务增加产品的附加价值；对企业来说，销售渠道起到物流、资金流、信息流、商流的作用，完成厂家很难完成的任务。不同行业、不同产品、不同的规模和发展阶段，企业销售渠道的形态都不相同，在市场经济中，销售渠道既是生产者的排水渠，又是消费者的引水渠，通过它连接生产者、经营者和消费者，承担着社会再生产的蓄水池作用。合理选择分销渠道的实质是合理选择中间商。

合理的销售渠道可以最有效地把各种产品提供给消费者，中间商最了解供需双方的需求，并根据消费者需求的变化，及时将信息反馈给生产企业，为生产企业制订计划、改进设计、提高产品质量提供可靠的信息，又可以通过为消费者提供各种服务，挖掘市场潜在购买力，提高产品的市场占有率，丰富和繁荣市场，以满足消费者的各种不同的需要。创业者合理选择中间商，可以节约相应的销售费用，减少流动资金的占用，减轻企业储存的负担，加速资金周转，集中有限的人力、物力和财力从事产品的生产。

案例

联想通路三部曲：从多层级到扁平化

作为中国 IT 行业的领先者，联想渠道再造经历了三个具有标志性的阶段。20 世纪 90 年代中期，联想实行代理渠道制。在全国范围内，联想拥有几千家分销代理商，从分销商再铺到零售商。由于渠道过长，导致管理混乱甚至失控，尤其是随着联想产品线的增长，通路已达不到共享的效率。1998 年，联想开始第二阶段渠道模式重构，引入专卖店的特许经营模式，加速构建直营店。2000年年底，联想专卖店的销售增长超过分销和代理渠道。2004 年，受 DELL 电脑直销模式在中国市场迅速进展的挑战，联想再次进行通路改造，建立第三阶段的新渠道模式"通路短链＋客户营销"，以更短的渠道和强化客户为中心的营销模式赢得竞争优势。

从联想渠道演进的路径可以看出，联想早期以层级较长的分销为主，虽然最大程度地利用了社会资源，但企业对渠道的控制力被削弱，并且增加了产品成本。而第二、第三阶段渠道模式以终端为突破口，贴近最终用户，并通过加盟专卖店塑造了品牌形象。

渠道扁平化的好处显而易见，但由于路径和方式不同，渠道扁平化也存在一定的风险。中国本土企业渠道扁平化的典型路径有：调整渠道结构使渠道重心下沉、自建渠道和基于互联网技术建立 e 渠道等。其中自建渠道的风险最大，在增强企业控制力的同时，带来成本风险，耗费企业大量资金、人力、精力。因此，自建渠道的扁平化策略，需要企业在收益与成本之间进行权衡。

自建渠道的初衷在于实现通路扁平化，以增加对通路的控制，使公司应对市场竞争的响应加快，利于公司多品牌和多品种的市场推进。然而，当自建渠道大幅增加企业成本时，企业只能进行通路再造，通过基于信息技术的渠道"瘦身"举措，降低通路成本，以提高渠道整体效率。渠道扁平化目标从"通路控制第一"转向"通路效率第一"，才能适应市场环境的变化。

案例点评：联想集团采取销售渠道扁平化发展模式，改变了销售渠道过长，销售管理混乱的状况，加速直营店和特许经销店的建设，并通过推广"通路短链＋客户营销"这样的新的营销理念，来强化以客户为中心的营销模式。（引自 http://www.glass.com.cn）

2. 利用网络营销渠道

网络营销是网络经济时代的一种崭新的营销理念和营销模式，它借助于互联网络、电脑通信技术和数字交互式媒体来实现营销目标。完善的网上销售渠道应该有订货、结算和配送三大功能。传统的营销渠道与网络营销渠道相比，在作用、结构和费用等方面有所不同，网络营销渠道的作用是多方面的。网络营销渠道有以下几种。

（1）网上直销。网上直销与传统分销渠道一样，都是没有营销中间商。网上直销有营销渠道中的订货功能、支付功能和配送功能。与传统直接分销渠道不一样的是，生产企业可以通过建设网络营销站点，让顾客直接从网站订货。通过与一些电子商务服务机构如网上银行合作，通过网站直接提供支付结算，简化了资金流转程序。对于配送方面，网上直销渠道可以利用互联网技术来构造有效的物流系统，也可以通过互联网与一些专业物流公司合作，建立有效的物流体系。

企业网站是网上直销的一种，通过建立企业网站，能为大众了解企业提供一个窗口，也有利于企业形象的传播。企业在其网站上发布有关企业文化、公司简介、产品或服务简介、企业荣誉等信息，能够在一定程度上促进其产品或服务的推广，但这种营销方式被动且不易到达目标客户群，网民也很少会因其产品或服务主动去关注某个企业网站，营销效果不佳。

（2）中间商。由于网络的信息资源丰富、信息处理速度快，基于网络的服务便于搜索产品，但在产品（信息、软件产品除外）实体分销方面却难以胜任。出现了基于网络（Internet）的提供信息服务中介功能的新型中间商，可称之为电子中间商。

（3）新媒体——微信。随着智能手机、平板电脑等新媒体的普及，各种手机应用软件通过网络迅速传播开来。"微信"是腾讯公司2011年年初推出的一款智能手机应用软件，在短短几个月内实现用户量过亿，成为手机APP市场下载量最大的应用软件之一。在带来大量广告收益的同时，微信也因其区别于一般网络媒介的特点为企业的网络营销提供了一种新的渠道。

微信作为一款能够随时随地上网的手机软件，相比于其他网络平台在传播方面具有显著优势。

一是熟人网络，小众传播。微信用户可以通过访问手机通讯录来添加已开通微信业务的朋友和家人，它不同于其他类似社交平台的特点就在于其建立的好友圈中均是已经认识的人，建立起来的人际网络是一种熟人网络。作为内部传播是一种基于熟人网络的小众传播，其信度和到达率是传统媒介无法达到的。

二是富媒体内容，便于分享。通过手机等终端可以随时随地浏览资讯传递消息，碎片化的时间得以充分利用，而微信在这方面做到了极致。微信特有的对讲功能，具有图片、文字、声音、视频的富媒体传播形式，更加便于分享用户的所见所闻。用户除了使用聊天功能，还可以通过微信的"朋友圈"功能，通过转载、转发及"@"功能来将内容分享给好友。

三是微信公众平台。微信公众平台的传播方式是"一对多"传播，直接将消息推送到手机，因此达到率和被观看率几乎是100%。已有许多个人或企业微信公众号因其优质的推送内容而拥有数量庞大的粉丝群体，借助于微信公众号可进行植入式的广告推广。

四是基于 LBS 的特殊地理位置服务。"查找附近的人""摇一摇""漂流瓶"等功能均是以 LBS 为基础。微信可轻易通过手机 GPS 服务，获取用户的地理位置信息，用户在分享最新动态时，勾选地理位置，好友便能看到其所在地，而地理位置是商家进行精准营销的重要信息。

五是便利的互动性。微信作为一款社交软件，用户可以像与好友沟通一样，与企业公众号进行沟通互动。企业通过微信公众号可以即时向公众推送信息，迅速更新。例如，微信公众号中做得比较成功的"艺龙旅行网"，向用户推送适合前往的旅游地区，用户可以直接回复，咨询旅游区的酒店预订情况，这些在其他网络媒介中难以做到。

接受度高和内容精准是利用微信平台进行网络营销的两大特色，这二者正是传统营销模式中的大众传播所欠缺的，利用微信平台进行网络营销能弥补传统网络营销模式的不足。

单元小结

本单元介绍了不同类型的企业组织以及它们在企业组织形式上的差异，简析了大学生创业中必须用到的基本的企业财务管理知识。大学生应根据自身实际情况，选择创业企业的组织形式，制订创业财务计划。

单元练习

一、选择题

1. 有限责任公司的风险承担者是（   ）。

A. 经理　　　　　　B. 主管　　　　　　C. 股东　　　　　　D. 员工

2. 由个人出资兴办，完全归个人所有和控制的企业，这是（   ）。

A. 个人独资企业　　B. 有限责任公司　　C. 股份有限公司　　D. 合伙企业

3. 我国的工商银行是（   ）。

A. 个人独资企业　　B. 有限责任公司　　C. 股份有限公司　　D. 合伙企业

4. 下列的经济体负有限责任的是（   ）。

A. 合伙企业　　　　B. 个人独资企业　　C. 个人小卖店　　　D. 股份有限公司

5. 下列属于法人企业的是（   ）。

A. 合伙企业　　　　B. 个人独资企业　　C. 个人小卖店　　　D. 股份有限公司

6. 按照企业组织形式的不同，可将企业分为（　　）。

A. 公司制企业、合伙企业、独资企业　　B. 全民所有制企业、外资企业

C. 集体所有制企业、全民所有制企业　　D. 合伙企业、私营企业

7. 根据《个人独资企业法》，（　　）不得作为设立个人独资企业的投资人。

A. 教师　　　　　　B. 农民　　　　　　C. 律师　　　　　　D. 公务员

8. 个人独资企业以其（　　）对企业债务承担（　　）责任。

A. 个人财产、有限　　　　　　　　　B. 家庭财产、无限

C. 个人财产、无限　　　　　　　　　D. 家庭财产、有限

9. 个人独资企业解散时，最先清偿的应该是（　　）。

A. 所欠职工工资和社会保险费用　　　B. 所欠其他企业账款

C. 所欠保险费　　　　　　　　　　　D. 所欠税款

10. 在合伙企业存续期间，合伙人向合伙人之外的人转让全部或部分财产份额时，须经其他合伙人（　　）同意。

A. 大多数　　　　　B. 出资最高者　　　C. 过半　　　　　　D. 一致

11. 公司是独立的企业法人，公司以（　　）承担民事责任。

A. 股东权益　　　　　　　　　　　　B. 股东个人财产

C. 公司全部财产　　　　　　　　　　D. 公司信用

12. 个人独资企业解散时，财产清偿顺序是（　　）。

A. 所欠职工工资和社会保险费用—所欠税款—其他债务

B. 债务—所欠税款—所欠职工工资和社会保险费用

C. 所欠税款—所欠债务—所欠职工工资和社会保险费用

D. 财产清偿没有规定的顺序

13. 引起现金流量净额变动的项目是（　　）。

A. 将现金存入银行　　　　　　　　　B. 用银行存款购买 1 个月到期的债券

C. 用固定资产抵偿债务　　　　　　　D. 用银行存款清偿 20 万元的债务

14. 关于资产负债表，下列说法中正确的有（　　）。

A. 又称为财务状况表

B. 可用来分析企业的经营成果

C. 可用来分析企业的偿债能力

D. 可用来分析企业在某一日期所拥有的经济资源分布情况

二、简答题

1. 个人独资企业与一人有限责任公司在税收方面的主要差别有哪些？

2. 个体工商户属于我国法定企业吗？为什么？

3. 个人独资企业和合伙企业是否具有法人资格？为什么？

4. 什么是有限责任，什么是无限责任？

三、分析题

小刘大学毕业后计划创业，租了小区内一个库房做店面，筹集了一万多元钱做启动资金，开了一家食品杂货店。但是经营了两个月后，食品杂货店就撑不住了。为什么同样是食品杂货店，邻居可以干得红红火火，小刘的店就经营惨淡呢？原来，小刘为了突出自己食品杂货店的特色，没有进茶、米、油、盐等大众用品，而是将经营范围锁定在沙司、奶酪、芝士等一些西餐调味食品上。但是小区居民对这类货品需求少，加之她店面的位置在小区边缘，而且营业时间不固定，所以生意不红火。

请分析小刘创业失败的原因，并提出改进方案。

参 考 文 献

［1］于连涛，刘伟．创新与创业教育［M］．北京：中国海洋大学出版社，2004.

［2］石国亮．大学生创新创业教育［M］．北京：研究出版社，2010.

［3］陈玉娟．大学生创新创业教育研究［D］．石家庄：河北师范大学，2013.

［4］清华大学．2014年全球创业观察报告［J］．智富时代，2015，3.

［5］麦可思研究院．2015年中国大学生就业报告．

［6］季跃东．创新创业思维拓展与技能训练［M］．北京：科学出版社，2012.

［7］教育部关于大力推进高等学校创新创业教育和大学生自主创业工作的意见（教办〔2010〕3号）.

［8］李存金．大学生创新思维能力培养的实践途径与机制［J］．创新与创业教育，2013，1.

［9］王晓政．试析高职院校职业指导课教学中存在的问题及对策——"三课堂，三模块教学法"研究［J］．职业教育研究，2011，12.

［10］宫元娟．技术经济学［M］．北京：中国农业出版社，2008.

［11］徐勇．广东中小企业创新与发展［M］．广州：广东经济出版社，2008.

［12］金周英，任林．服务创新与社会资源［M］．北京：中国财政经济出版社，2004.

［13］王英俊．关于服务创新的几点思考［J］．管理科学文摘，2005，5.

［14］吴勇．大学生创业教育［M］．北京：北京师范大学出版社，2014.

［15］侯文华．大学生创新创业教育教程［M］．北京：科学出版社，2014.

［16］杨乐克．大学生创新创业教程［M］．北京：中国时代经济出版社，2014.

［17］李伟，张世辉．创新创业教程［M］．北京：清华大学出版社，2015.